贾平凹研究资料汇编
编委会

学术顾问（按姓氏笔画排序）

丁 帆　李敬泽　吴义勤　陈思和

陈晓明　孟繁华　谢有顺

主　　编　韩鲁华　王春林　张志昌

副 主 编　张文诺　张亚斌　杨　辉

总 策 划　刘东风　范新会　王思怀

编辑统筹　王新军　马英群　郭永新

贾平凹研究资料汇编

主　编　韩鲁华　王春林　张志昌
副主编　张文诺　张亚斌　杨　辉

《浮躁》研究

刘　婷　魏丹丹　编

陕西师范大学出版总社

图书代号：WX22N0602

图书在版编目（CIP）数据

《浮躁》研究 / 刘婷，魏丹丹编. —— 西安：陕西师范大学出版总社有限公司，2022.5
（贾平凹研究资料汇编 / 韩鲁华，王春林，张志昌主编）
ISBN 978-7-5695-2720-9

Ⅰ.①浮⋯ Ⅱ.①刘⋯ ②魏⋯ Ⅲ.①贾平凹—小说研究 Ⅳ.①I207.42

中国版本图书馆CIP数据核字（2021）第271322号

《浮躁》研究
FUZAO YANJIU

刘　婷　魏丹丹　编

出版统筹	刘东风　郭永新	
责任编辑	张　佩	
责任校对	王雅琨	
封面设计	张潇伊	
出版发行	陕西师范大学出版总社	
	（西安市长安南路199号　邮编710062）	
网　　址	http://www.snupg.com	
印　　刷	陕西龙山海天艺术印务有限公司	
开　　本	720 mm×1020 mm　1/16	
印　　张	11.75	
插　　页	2	
字　　数	179千	
版　　次	2022年5月第1版	
印　　次	2022年5月第1次印刷	
书　　号	ISBN 978-7-5695-2720-9	
定　　价	58.00元	

读者购书、书店添货或发现印装质量问题，请与本公司营销部联系、调换。
电话：(029) 85307864　85303629　　传真：(029) 85303879

总　　序

　　自 1978 年《满月儿》引起当代文坛的关注，贾平凹的文学创作，已走过了四十余年的历程。四十余年来，贾平凹始终保持着旺盛的艺术创造生命力，特别是在《废都》之后，几乎每两三年出版一部长篇小说，业已是当代文学史上的一个奇观。也许是一种历史宿命，贾平凹的文学创作与对其的研究，呈一种互动的、正向的发展态势。自 1978 年 5 月 23 日《文艺报》刊发邹荻帆先生关于贾平凹文学创作的评论文章《生活之路——读贾平凹的短篇小说》之后，也特别是《废都》之后，有关贾平凹的研究与探讨，已然成为当代文学研究中作家研究方面富有典型性的一个显学案例。当我们对贾平凹文学创作与研究进行历史性梳理后发现，不论是贾平凹的文学创作，还是贾平凹研究，与中国改革开放这四十余年，产生了一种感应性的脉动或者律动，从中可以探寻到当代文学创作与研究的历史走向。

　　这并非一个虚妄的判断，因为既有贾平凹千余万字的文学作品呈现在读者面前，更有数千万字的研究文章、专著摆在了那里。

　　从当代文学研究来看，资料文献的整理与研究，越来越受到学界的关注与重视，并且进行着卓有成效的研究实践，取得了累累硕果。学术研究从某种意义上来说，是一种历史的沉淀，也是一种历史的总结与发现。在学术研究的发展过程中，沉淀了许多资料文献，到了一定历史阶段，自然也就需要进行历史的归纳总结，而立足当下，从中也会有一些新的发现。对某种文学现象的研究资料进行收集整理，以期为后来的研究提供某种方便，本就是一项重要且不容忽视的基础性研究工作。就对当代作家研究资料整理而言，毫无疑问，贾平凹应当是其中一个极为重要的对象。

于是，我们便组织编辑了这套"贾平凹研究资料汇编"丛书。

贾平凹的文学创作研究，已经形成了一个具有独特意义的文学研究现象。不仅研究成果丰硕，而且涉及面也非常广阔，体现出了作家个体研究的水准与高度，其间所涉及的问题，也是当代文学研究中所遭遇的境遇之命题。可以说，贾平凹的文学创作研究已经构成了一部作家个案研究史，而这部作家个案研究史，在某种程度上，亦显现着新时期文学研究历史的脉象。

从历史纵向来看，贾平凹文学研究确实有一个肇始、发展、丰富深化的历史进程。这个历史进程，大体可分为初期、中期和近期三个时段。这三个时段的划分，是以《废都》和《秦腔》研究为节点的。初期研究，就对文学体裁的关注而言，主要集中在散文与中短篇小说上，诗歌研究也有，但很少。这也是与贾平凹的文学创作情景相契合的。贾平凹前期的文学创作，致力于散文与中短篇小说，这也正是他们那一代作家在文学创作上由散文、短篇小说而中篇进而长篇的发展路数。20世纪90年代，更确切地说，自《废都》之后，贾平凹的长篇小说创作，成为研究者关注的一个极为重要的焦点。值得注意的是，贾平凹几乎每出版一部长篇小说，都有一批研究文章问世，而且直至今天，关于《废都》等长篇的研究成果仍然不断出现。这个时期，对于贾平凹文学创作整体性的研究著作与论文，也逐渐多了起来；贾平凹的文学创作，更成为硕士、博士论文的选题对象。进入21世纪，尤其是《秦腔》出版并获得茅盾文学奖之后，长篇小说研究、整体研究与比较研究、传播影响研究，成了贾平凹研究中几个重要的理论视域。当然，在这四十余年间，贾平凹的散文研究成果虽不如小说研究成果丰富，但始终延续着。另外，他的书法绘画作品，也受到了研究者的关注，出现了一批研究成果。这方面的研究虽然并不是很多，但书法绘画乃至收藏等方面的研究，尤其是文学与书画艺术的互动研究，拓宽了贾平凹研究的视野与维度，是贾平凹研究中不可或缺的有机构成部分。

关于贾平凹文学创作研究，可以从如下几个方面加以归纳总结。

贾平凹文学创作整体研究。这一研究，不仅着眼于贾平凹文学创作的整体特征，而且往往是将其创作置于整个中国当代文学背景之下加以论说的，从中可以看出贾平凹文学创作与当代文学历史建构的息息相关与内在关联性。不过，早期的研究文章主要以评论家的主观感受、心理映照为主，多侧重于贾平凹文学创作阶段的划分，厘清不同阶段的创作特色。近期的研究文章，则呈现出更加宏观和多元的研究视域，更为全面深入地从批评史的角度来讨论批评与创作的互动关系，不仅打通了贾平凹文学创作的时间关节，而且试图对贾平凹创作不断走向历史化和经典化的进程加以学理性的归纳探究。在这一背景下的研究中，需要重点提及的是陈晓明《穿过"废都"，带灯夜行——试论贾平凹的创作历程》一文。其梳理了贾平凹1980年至2013年的小说创作，勾勒出贾平凹三十多年来文学创作的风格、特色变化，肯定了贾平凹对当代中国"新汉语"写作的杰出贡献，对贾平凹的文学创作，给予了具有文学史意义的评价判断。此外，李遇春《"说话"与贾平凹的长篇小说文体美学——从〈废都〉到〈带灯〉》一文，以中国传统文学中的"说话"体小说为视角，从贾平凹小说创作对传统小说的继承、化用等方面，分析了贾平凹自《废都》至《带灯》以来的长篇小说文体美学特征，指出贾平凹对中国古代"说话"体小说的现代性转化及对中国传统"块茎结构"艺术的创造性转化，认为贾平凹在继承中国传统文学"史传"与"诗骚"传统基础上富有卓见地创造了以意象支撑结构的日常生活叙事方式。对于贾平凹以意象为其艺术建构核心的论说，笔者在《精神的映像——贾平凹文学创作论》，以及系列论文中有比较充分的论说，此处不再赘言。

贾平凹文学创作的艺术风格、审美特征研究。这方面的研究，已深入作家文学建构的潜心理层次。早期这方面研究，如丁帆《谈贾平凹作品的描写艺术》一文，指出贾平凹对作品人物的塑造是抒情性的，表现出对新生活的向往、对美的追求，其人物具有"姿""韵"兼备的美学特点，认为贾平凹的文学创作具有诗美特质及生活美感复现的特点。王愚、肖云儒《生活美的追求——贾平凹创作漫评》一文，对贾平凹早期文学创作的艺术风格进行细致、具体的探讨与挖掘，认为贾平凹创作的艺术特色在于着重表现社会变型期普通百姓的生活美和深居乡土的乡民的心灵美,具有诗的意境。刘建军《贾平凹小说散论》一文,开篇指出贾平凹小说的艺术特色在于汲取传统小说资源的同时具有强烈的表现欲和浓重的主观色彩,渲染着诗的意境和情绪,是散文化的小说,认为贾平凹文学创作的艺术实质在于真实和主观抒情性。笔者《审美方式:观照、表现与叙述——贾平凹长篇小说风格论之一》一文,以历时性的描述、分析、研究对贾平凹小说的美学风格作了比较准确、精当的界定,认为贾平凹的小说创作追求一种清新优美、空灵飘逸的美学风格,并从审美观照视角、审美表现方式、具体的叙述结构形式等方面详细阐释。

从整体上把握、宏观上研究的论文大多以文学史的发展为背景,出现了一批视角独特、观点新颖的评论文章。对贾平凹文学创作的内在美学风格的观照与作家审美个性、审美心理的把握作出精准的判断,则令始于90年代的贾平凹研究得以进一步深入,并使这种研究具有当代文学普遍意义上的阐发。

贾平凹文学创作的比较研究。这是指研究者将贾平凹的文学创作与东方文学中不同时代、不同作家的作品进行比较论说,或者是将贾平凹的文学创作与西方文学中不同时代、不同作家的作品进行比较探析。一般而言,贾平凹文学创作的比较研究大致可分为影响研究和平行研究两类。

影响研究又可分为三类:

一是中国传统文化思想对贾平凹文学创作的影响。如栾梅健《与天为徒——论贾平凹的文学观》一文,较为全面地论述了贾平凹文学观的形成原因,认为传统文化资源中的"天道"、自然观是形成贾平凹文学观的基础;而客观的地理环境和主观的个体生理条件、个人气质特色、家庭背景等因素均影响了贾平凹的小说创作。胡河清《贾平凹论》一文,从道家文化思想观念对贾平凹小说创作的影响切入,着重分析了传统文化中阴阳观、《周易》思想对贾平凹早期作品《古堡》《浮躁》《白朗》《废都》等的影响,认为在中国当代作家群中,贾平凹对阴阳观(男女性别)的观照最得中国传统文化色彩的熏染。张器友《贾平凹小说中的巫鬼文化现象》一文,从巫术、鬼神文化等对贾平凹小说创作的影响切入,认为巫术、鬼神等民间文化资源是贾平凹文学建构的重要组成部分,巫术、鬼神等文化现象参与、渗透于贾平凹笔下商州世界的独特人文环境、自然景观,并影响着乡民真实、真切的生活经历和情感变化。樊星《民族精魂之光——汪曾祺、贾平凹比较论》一文,从中国传统文化思想资源对汪曾祺、贾平凹小说创作的影响切入,指出汪曾祺小说世界中表露出的士大夫的幽远、高邈境界在贾平凹小说创作中得到了继承和发扬,认为虽然中国传统文化思想资源对汪曾祺、贾平凹二人的小说创作影响程度不同,但两位作家在复现民族魂、反观社会的多变性与复杂性上是相一致的,承续了中国文学的另一种文脉,对当代文学的历史建构具有特殊意义。

二是西方文化、文学传统资源对贾平凹文学创作的影响研究。有关西方文化、文学传统资源对贾平凹文学创作的影响研究的文章是双向的,也就是说,有的研究文章是从西方文化、文学传统资源对贾平凹文学创作的影响这一角度展开论述,而有的研究文章则是从贾平凹的文学创作这一角度来看西方社会对中国文化、文学的接受程度。21世纪以来,贾平凹的文学创作在欧美、日本等国家的影响力越来越大。《西方读者视角中的贾平凹》以及《欧洲人视野中的贾平凹》等文集中讨论了贾平凹的作品在欧美国家的传播。如韦建国、户思社《西方读者视角中的贾平凹》一文,认为贾平凹的主要作品在国外连获大奖、引起巨大反响的主要原因,是其作品展现了人类文明发展史必经的特定阶段,真实地描绘了社会转型时期人们的复杂心态。姜智芹《欧洲人视野中的贾平凹》一文,从三个方面探讨了贾平凹作品在英语、法语世界的传播:一是国外的译介与影响,二是国外的研究,三是传播与接受的原因。吴少华《贾平凹作品在日本的译介与研究》一文,重点介绍了贾平凹的小说在日本的翻译和研究情况。上述研究、评介文章是从贾平凹的文学创作这一角度,来看西方社会对中国文化、文学的接受程度。黄嗣《贾平凹与川端康成创作心态的相关比较》一文,从创作心态、气质、心理的角度,比较了贾平凹与川端康成在文学建构上的相似性。沈琳《试析加西亚·马尔克斯对贾平凹创作的影响》一文,认为贾平凹继承了马尔克斯作品中的孤独感,指出商州农村的建构与拉美农村存在相似性。笔者《特殊视域下特殊时代的人性叙写——〈古炉〉与〈铁皮鼓〉叙事艺术比较》一文,通过对贾平凹《古炉》与君特·格拉斯《铁皮鼓》的文本梳理,指出中国当代文学本土化、民间化叙事的确立与世界文学整体叙事中的当代性建构有着某种相似性、关联性，认为两位作家在文化差异的背景下虽然有着迥异的艺术个性，但都对人类的某些共同经历进行了有情书写。

三是中国文学思想对贾平凹文学创作的影响。具有代表性的研究如雷达的《心灵的挣扎——〈废都〉辨析》、陈晓明的《废墟上的狂欢节——评〈废都〉及其他》，他们都指出《金瓶梅》《红楼梦》《西厢记》等世情小说对《废都》创作的影响。而李陀《中国文学中的文化意识和审美意识——序贾平凹著〈商州三录〉》和李振声《商州：贾平凹的小说世界》，则共同指出贾平凹"商州系列"小说的艺术特质带有明显的明清笔记体小说的印痕。王刚《论贾平凹小说创作的审美视角与话语建构》一文，指出作家身上具有明显的现代作家（如张爱玲、沈从文、孙犁、川端康成等）审美意识的影响痕迹。

关于贾平凹文学创作的平行研究，多以同一国别、同一民族的作家为比较对象，从同一类型的文本出发，分析其艺术风格、创作个性等方面的异同。有关作家之间地域文化差异性研究，如赵学勇《"乡下人"的文化意识和审美追求——沈从文与贾平凹创作心理比较》一文，认为沈从文对湘西世界的建构是其审美理想的总体表征，含蓄朴素的文字风格、淡化人物的主观情绪及对意境的创造，是沈从文独特的审美追求；而构成贾平凹笔下商州的审美境界，是一个静达、高远、清朗的世界，其审美追求是对沈从文笔下营造出的古朴、旷达的湘西世界独特审美意蕴的发展与延续。李振声《贾平凹与李杭育：比较参证的话题》，从贾平凹小说创作对西部文化资源的承袭与李杭育小说创作对吴越文化资源的承袭进行比较论证，认为贾平凹、李杭育为繁荣、壮大地域文化书写作出了卓越的贡献。梁颖《自然地理分野与精神气候差异——路遥、陈忠实、贾平凹比较论之一》一文，对西部作家的杰出代表路遥、陈忠实和贾平凹的创作进行比较，指出三位作家所处的不同自然地理环境对其创作产生了不同程度的影响，认为路遥的小说建构带有陕北高原刚毅与悲凉的色彩，陈忠实的文学创作具有关中地区厚重与朴实的因子，贾平凹的文学创作则具有陕南地区灵秀与清奇的特色。李吟《莫言与贾平凹的原始故乡》，认为莫言的创作追求的是放纵的情感表露，由野向狂，追求狂气、雄风和邪劲，而贾平凹则是有所节制的吟唱，由野向雅，雅俗相得益彰。

有关贾平凹文学创作的研究，还体现出跟踪式研究的特点。而这一方面主要是对于贾平凹长篇创作的跟踪研究，相比较而言，关于《废都》《怀念狼》《秦腔》《古炉》《带灯》《老生》等的研究又比较集中。毋庸置疑，《废都》研究已经成为中国当代文学研究中一个标志性的案例。《废都》是当代文学，甚至当代社会，必然要重提的一个话题。无论谁，是致力于文本探析，或者工于当代文学史的建构，是对当代文学给予充分肯定，还是予以严厉批评，都难以绕过《废都》，也不能无视它的存在。倘若不是如此，恐怕中国当代文学的文本建构，就会留下一个明眼人一眼便看得出的空白，而进行历史叙述，也会留下一个令人惋惜的缺憾。所以，你赞成也好，批评也罢，甚或是给予枪炮似的批判，你都在阅读《废都》，都在审视《废都》。

整理包括作家作品研究在内的文学研究资料的价值意义，自不必多言。就现当代作家的研究资料汇编而言，已有几种丛书问世了。但是，就某位作家文学创作研究的资料整理来看，多为选编，全编性质的少之又少。而对于一位还健在的作家，对其研究资料进行整理、编辑和出版，似乎要更难一些。因为作家的创作还在进行着，亦有新的研究成果不断涌现，又何以给出定论的评价呢？但是，作家创作有终结的时候，而对作家作品的研究却没有终结的时候。当然，这一持续性的研究，是建立在作家文学创作所具有的文学史价值意义基础之上的。换一种角度来看问题，要对某位作家研究资料进行整理汇总，则要看其是否具有文学研究史料的价值意义。毫无疑问，贾平凹是一位具有文学史价值意义的作家，贾平凹研究亦是具有支撑当代文学研究史料价值的存在。

接下来要面对的问题是：全编还是汇编。从收集资料的角度来说，自然是尽可能全面地将收集到的资料，统统纳入，不论文章长短，见解看法深浅，以期给人一幅完整、全面的研究景象。如此下来，且不说那些见于报纸及网络上的浩瀚资料，更不说成百上千的学位论文和研究专著，仅就刊于学术期刊的文章而言，研究成果就已有五千余篇。单就字数来看，研究文字是贾平凹文学创作的数倍。鉴于此，似乎还是需要作出某种选择，而编辑一套研究资料汇编则更为切实可行。

故此，编者在对贾平凹文学创作研究及其与之相关联的学术研究成果，进行全面系统的收集、梳理基础上，又有所权衡取舍。原则上，各类媒体的新闻报道类文章不入选，有关贾平凹研究的博硕论文亦不入选，仅于研究总目中稍作体现，而研究专著，只作极个别的节选。遴选时，编者尽可能选择那些兼具学术严肃性和科学性的文章。无论学术上持肯定还是否定观点，只要是具有建设性意义的文章，都是对于学术研究、学术生态的一种积极建构，乃至对于作家的文学创作，也是具有积极意义的。学术研究的多元化与多样性，是学术研究应有的状态，只要是从学术层面研究探讨问题，言之有理有据的各种观点、思路方法，都应当受到尊重。即便某些文章在理论视域等方面有不成熟的地方，也没有求全责备，有一定的创新和开拓性即可。

最后，说明一下丛书的编选体例问题。大体上，按照论说对象进行分类编选，如创作整体研究、长篇小说研究、中短篇小说研究、散文研究、书画研究等。其中，由于长篇小说文章甚多，研究成果凡能独立成卷的，均独立成卷。各卷整体上按自述与对话、综合研究、思想研究、比较影响研究等几个大的板块进行编选，但是，具体到各卷，则在此基本思路下，根据具体情况进行增删调整。因此，丛书在总体统一的体例下，又保持了各卷的差异性特征。

对一位作家的研究作多卷本汇编，本就是一种尝试，由于编者学识有限，不足、不妥之处在所难免，敬请专家学人、广大读者批评指正！

韩鲁华

目　录

自述与对话

002　《浮躁》序言之一／贾平凹

004　《浮躁》序言之二／贾平凹

006　时代心理的整体把握
　　　——贾平凹长篇小说《浮躁》讨论会纪要

012　长篇小说《浮躁》纵横谈／王　愚　贾平凹

027　由"浮躁"延展的话题
　　　——与贾平凹病榻谈／金　平　贾平凹

031　在美孚飞马文学奖新闻发布会上的讲话／贾平凹

文本分析

034　混沌世界中的信念和艺术秩序
　　　——《浮躁》论片／李　星

042　成功地解剖特定时代的民族心态
　　　——贾平凹《浮躁》得失谈／董子竹

053　谈《浮躁》／费秉勋

058　《浮躁》的联想／陈骏涛

060　《浮躁》疵议／邢小利

066　《浮躁》：时代情绪的一种概括／李其纲

075 主体立场：现代理性与传统伦理的纠结
——贾平凹《浮躁》新论 / 刘一秀　孟繁华

083 赓续传统：现实主义的成长叙事
——再论贾平凹的《浮躁》 / 刘一秀

089 积极入世·禅思净化·天地人和
——《浮躁》蕴涵的中国传统文化内涵 / 赵虹博

094 不必为了理解……
——金狗、雷大空论 / 刘思谦

104 "前现代"与"后现代"的奇妙拼贴
——贾平凹《浮躁》新探 / 范家进

111 诗意的州人与州城
——《浮躁》的三重审美意蕴解读 / 刘玉婷　钟思远

比较研究

118 中国乡土知识分子的心路历程
——《浮躁》《废都》《高老庄》的精神症候分析 / 陈国恩　王　俊

126 论贾平凹的忧患意识
——以《浮躁》《废都》《高老庄》《怀念狼》为例 / 张连义

132 是孝子贤孙，还是逆子贰臣？
——《浮躁》《白鹿原》合论 / 方维保

138 俯瞰和参与
——《古船》和《浮躁》比较观 / 王彬彬

145 浮躁时代的"浮躁"书写 / 张文诺　余　琪

159 《浮躁》英译本的生态翻译学解读 / 刘　锋　胡琰琪　张惠玲

167 附录：研究总目

自述与对话
ZISHU YU DUIHUA

《浮躁》序言之一

贾平凹

这仍然是一本关于商州的书,但是我要特别声明:在这里所写到的商州,它已经不是地图上所标志的那一块行政区域划分的商州了,它是我虚构的商州,是我作为一个载体的商州,是我心中的商州。而我之所以还要沿用这两个字,那是我太爱我的故乡的缘故罢了。

我是太不愿意再听到有关对号入座的闲话。

在这本书里,我仅写了一条河上的故事,这条河我叫它州河。于我的设计中,商州是应该有这么一条河的,且这河又是商州唯一的大河。商州人称什么大的东西,总是喜欢以州来概括的。他们说"走州过县",那就指闯荡了许多大的世界,大凡能直接通往州里的公路,还一律称之为"官道",一座州城简直是满天下的最辉煌的中心圣地。

现在已经有许多人到商州去旅行考察,他们所带的指南是我以往的一些小说,却往往乘兴而去败兴而归,责骂我的欺骗。这全是心之不同而目之色异的原因,怨我是没有道理的,就说现在的州河虽然也是不真实的,但商州的河流多却是任何来人皆可体验的。这些河流几乎都发源于秦岭,后来都归于长江,但它们明显地不类同北方的河,亦不是所谓南方的河。古怪得不可捉摸,清明而又性情暴戾。四月五月冬月腊月枯时几乎断流,春秋二季了,却满河满沿不可一世,流速极紧,非一般人之见识和想象。若不枯不发之期,粗看似乎并无奇处,但主流道从不蹈一,走十里滚靠北岸,走十里倒贴南岸,故商州的河滩皆宽,"三十年河东,三十年河西"的成语在这里已经简化为一个符号"S"代替,阴阳师这么用,村里野叟妇孺没齿小儿也这么用。

因此,我的这条州河便是一条我认为全中国的最浮躁不安的河。

浮躁当然不是州河的美德,但它是州河不同于别河的特点,这如同它翻洞过峡吼声价天喜欢悲壮声势一样,只说明它还太年轻,事实也正如此,州河毕竟是这条河流经商州地面的一段上游,它还要流过几个省,走上千里上万里的路往长江去,往大海去。它的前途是越走越深沉,越走越有力量的。

　　对于州河,我们不需要作过分的赞美,同时亦不需要作刻薄的指责,它经过了商州地面,是必由之路,更看好的是它现在流得无拘无束,流得随心所欲,以自己的存在流,以自己的经验流。

　　××年前,孔子说:逝者如斯夫。我总疑心,这先生是在作州河考。

1986年6月平凹识于五味什字巷

(选自《浮躁》作家出版社1991年版)

《浮躁》序言之二

贾平凹

　　下面的这段话原本是我作为跋的,现在却拉到前边来作又一个序,所以读者是可以先跳过去不看的。

　　老实说,这部作品我写了好长时间,先作废过十五万字,后又翻来覆去过三四遍,它让我吃了许多苦,倾注了我许多心血,我曾写到中卷的时候不止一次地窃笑:写《浮躁》,作者亦浮躁呀!但也就在写作的过程中,我由朦朦胧胧而渐渐清晰地悟到这一部作品将是我三十四岁之前的最大一部也是最后一部作品了,我再也不可能还要以这种框架来构写我的作品了。换句话说,这种流行的似乎严格的写实方法对我来讲将有些不那么适宜,甚至大有了那么一种束缚。

　　一位画家曾经对我评述过他自己的画:他力图追求一种简洁的风格,但他现在却必须将画面搞得很繁很实,在用减法之前而大用加法。我恐怕也是如此,必须先写完这部作品了,因为我的哲学意识太差,生活底气不足,技巧更是生涩,我必要先踏着别人的路子走,虽然这条路上已有成百上千的优秀作家将其了不起的作品放在了我的面前。于是,我是认真来写这部作品的,企图使它更多混茫,更多蕴藉,以总结我以前的创作,且更有一层意义是有意识在这一部作品里修我的性和练我的笔,扼制在写到一半时之所以心态浮躁正是想当文学家这个作祟的鬼欲望,而冲和、宽缓。可以说,我在战胜这部作品的同时也战胜了我。

　　我之所以要写这些话,作出一种不伦不类的可怜又近乎可耻的说明,因为我真有一种预感,自信我下一部作品可能会写好,可能全然不再是这部作品的模样。一个时代有一个时代的作品,我应该为其而努力。现在不是产生绝对权威的时候,政治上不可能再出现毛泽东,文学上也不可能再会有托尔斯泰了。中西的文化深层结构都在发生着各自的裂变,怎样写这个令人振奋又令人痛苦的裂变过程，我觉得这其中极有魅力，尤其作为中国的作家怎样把握自己民族文化的裂变，又如何在形式上不以西方人的那种焦点透视办法而运用中国画的散点透视法来进行，那将是多有趣的试验！有趣才诱人着迷，劳作而心态平和，这才使我大了胆子想很快结束这部作品的工作去干一种自感受活的事。

我欣赏这样一段话：艺术家最高的目标在于表现他对人间宇宙的感应，发掘最动人的情趣，在存在之上建构他的意象世界。硬的和谐，苦涩的美感，艺术诞生于约束，死于自由。

但我还是衷心希望我的读者能热情地先读完这部作品。按商州人的风俗，人生到了三十六岁是一个大关，庆贺仪式犹如新生儿一般，而庆贺三十六却并不是在三十六岁那年而在三十五岁的生日的那天。明年我将要"新生"了，所以我更企望我的读者与一个将要过去的我亲吻后而告别，等待着我的再见。

阿弥陀佛啊！

1986 年 7 月平凹识于静虚村

（选自《浮躁》作家出版社 1991 年版）

时代心理的整体把握

——贾平凹长篇小说《浮躁》讨论会纪要

发表在《收获》1987年第1期上的贾平凹的长篇小说《浮躁》，虽然没有引起迅速、热烈的反响，但并不意味着人们对这部小说的冷淡和忽视，这种表面现象更多地反映着评论界态度的严谨和审慎：要对这部内蕴深厚、具有新的追求的力作作出相应的把握并不是一件容易的事情。经过一段时间的审视、比照和思考，人们已经意识到了这部长篇在当代文坛的价值和意义，并逐渐展开了阐释和评价。《小说评论》编辑部召开的《浮躁》讨论会所做的正是这项工作。这次讨论会于1987年7月21日至22日在西安召开，包括贾平凹在内的陕西部分评论家、作家、编辑等三十余人参加了会议。会议由《小说评论》主编王愚、副主编李星主持。这次讨论会酝酿时间较长，准备也比较充分。与会同志从多种层次、多种角度发表了比较充分的看法，并围绕着《浮躁》的讨论，触及了若干当前文学创作中的普遍现象。

与会同志认为，《浮躁》是一部以对现实的同步思考为特征的，试图从宏观上全方位地把握时代律动的重要作品，它既反映了广大人民的改革要求和改革给中国当代社会所带来的活力，又尖锐地触及了在开放搞活发展城乡商品生产中出现的多种问题和多种新的矛盾。《浮躁》最引人注目的，是它从整体上所作的对时代情绪、时代文化心理的准确概括。在贾平凹的创作中，视野如此开阔，时空如此宽广，气度如此恢宏，而且十分自觉地把笔墨放在展现中国当代社会文化心理形态上，实在是过去所未曾有过的。《浮躁》对当代中国人人性建构运动的展现，社会心理的挖掘，社会情绪的把握，达到了相当的深度。就贾平凹的创作而言，《浮躁》跃上了新的一级。

讨论会上，不少同志从文学反映改革这一创作走向上对《浮躁》进行了评价。认为改革文学从《乔厂长上任记》《男人的风格》《燕赵悲歌》等以后，逐步失去了震撼力。究其原因，在于这些作品存在着把生活纯净化、人物理想化的倾向，在反映生活的复杂性、历史感诸方面有所欠缺。在一段时间里，改革文学出现了低潮。贾平凹的《浮躁》在这个时候出现，有其不同寻常的意义，开拓了一条表现改革生活的新路，预示着反映时代变革的文学向较高层次的迈进。《浮躁》至少从以下两个方面显示出了这种前景。其一，从反映经济改革扩展到了更广阔的领域。前一阶段的改革文学主要是关注于经济领域的变化，而随着改革的深入，改革实际上已经触及了政治、文化、历史等各个方面，改革文学的全景性展开也是一种时代要求。《浮躁》所展示的生活图景，正是进行了纵横多面的延伸，《浮躁》中作为改革参与者的金狗，其活动的舞台，已由经济领域扩展到了文化、政治等更广阔多样的领域。其二，《浮躁》的出现也标志着反映变革时代的文学题旨上的深化。改革给当代人所带来的最大震动还是心灵上的震动，反映改革的文学所要关注的着重点更应是这方面。改革本身不是最终目的，最终目的是生产的发展、生活的丰裕、人的完善和人的全面发展。应该看到，前一阶段改革作品对人的精神世界和心灵追求还没有全面展开和深化。《浮躁》则敏锐地捕捉到了农民经商中的那种非理性的，乃至盲目的心态，把握住了当代中国人那种主体意识的觉醒和低文明层次的矛盾心理，富于哲学意味地概括出了当代中国典型的文化心理特质。可以说，到目前为止，反映变革时代的作品，在这方面，还没有能超过《浮躁》的。

讨论会上，有的同志认为，就贾平凹的创作历程来看，《浮躁》在以下几个方面有所前进，有所突破。第一、《浮躁》带有相当的综合性，是较为集中展现了作者思想艺术特点的作品。在《浮躁》之前，贾平凹的某些作品例如《古堡》《火纸》已经显露出了作者将自己创作的思想艺术特色集于一体的特点，但都还不太自然，不够浑然一体，而《浮躁》则克服了上述不足，比较充分、圆熟、浑厚地体现出了作者各方面的创作追求，《浮躁》把作者对生活、对时代、对历史、对文化、对艺术的思考，整体性地囊括了进去。第二、贾平凹以前的作品，不管是短篇，还是中篇，一般都有一个基本的生活原型作为创作构思的依据，这种构思方法当然有诸多长处、诸多便利，但是，作家的思情有时会被原型所束缚，难以进行更宏大更深入的展开。而贾平凹在写《浮躁》的时候，虽然小的细节、故事依然有所依据，但是大的方面，整体上已经抛弃了实体的原型限制。这无疑是作家在创作长篇时艺术功力提高了的表现。贾平凹在艺术构思方面，抛弃了枷锁，实现了整体性的艺术思维的解放，这一点对于作家今后创作的发展，走向更高的层次具有非常大的意义。第三、就人物形象的塑造来看，《浮躁》中的人物更复杂、更丰富了。贾平凹以前作品中的人物，例如《小月前本》中的才才、《鸡窝洼人家》中的禾禾、《腊月·正月》中的王才，都是复杂的人物，但是和《浮躁》中的金狗、雷大空相比，就显得单一了些，在主导的倾向方面比较单薄，是一种明显带有一定主导倾向性的复杂，而金狗和雷大空的复杂，是一种质的结构的复杂，但是这种复杂又化为了更高层次上的单一。在贾平凹以前的作品中，常用一种对比来刻画人物，这种方法单一了些，有一定的局限性，《浮躁》也克服了这一点。《浮躁》中的人物，不是为复杂而复杂，而是一种有骨力有内在运动幅度的复杂，这种复杂性中容纳了丰厚深广的社会时代内容。第四、长篇小说常常被称为结构的艺术，结构是检验作家艺术功力的一个重要方面，《浮躁》的结构基本上是成功的，而且显示出了一种出人意料的宏大气魄。贾平凹以前的作品，结构的规模都比较小、比较窄，基本上是一个面一个视角，而《浮躁》则有几条相互交叉渗透的线索，富于纵深感，有一种超越生活表层的作用，例如把田、巩这两个家族过去的纠葛、现实的对峙以及他们之间的恩恩怨怨结构之中，就给人以历史感较强的感觉，能够启发人们产生较为深广的联想，而金狗的命运历程又始终是一条主线，这条主线和其他线构成了纵横交错的关系，使作品整个结构达到了繁复和集中的统一。还有同志认为，《浮躁》的结构有一种太极图式的功能，结构的外在形式和深层内容构成了和谐的统一。

有同志谈到，《浮躁》具有较贾平凹以前的创作远为强烈、浓厚的谴责色彩。所谓谴责，并不是就一般的意义上讲的，而是就比较高的美学意义上而言的。这种谴责色彩可以说连接着晚清小说的传统，又是一种由来已久的世界性的文学现象。《浮躁》中的谴责，是民族化了的，又是个性化了的，在鞭挞中渗透着幽默。随着贾平凹创作的不断深化、成熟，作品中的褒贬倾向更浓厚了，更痛切了，在《浮躁》中，作家超然的无意褒贬的态度大大减少了，这无疑加强了作品的思想分量。在近年来描写变革的时代的作品中，具有如此锐利痛切的批判构系和思想锋芒的似乎还不多见。从中可以看到中国当代叠压交错的社会图像，也可以窥视到反复消长的政治轨迹，还可以洞察民族心理的历史重负和当代文学的活的运动形态。

还有同志谈到，就作家创作主体而言，作品本体所显示的谴责色彩反映着作家的忧患意识。这种存在于作家思想上、情绪上、心理上的忧患意识，对当代作家来说是可贵的。它表明了作家的一种社会责任感。贾平凹所忧患的是改革事业的艰难，是提高国民文化素质的艰巨，这种忧患意识是值得珍惜的，它不是悲观失望，而是一种对最终能够达到目的、实现最高境界的信心的表露。《浮躁》中对"浮躁"心态的把握也是这种意识的反映，可以想见，不经过艰难的震荡、痛苦的裂变，所谓"浮躁"是克服不了的，所以，忧患意识是对生活明确把握的表现，《浮躁》是贾平凹走向成熟的表现。

有同志从创作心理的角度对《浮躁》作了比较深入的分析，指出这部以近年来中国城乡改革为背景、对现实生活进行共时性思考的作品，是作家种种心理运动的产物。改革时代种种复杂的社会现象肯定会给作家的心灵带来复杂的震动，正是这种心理震动，促使作家反过来对复杂的时代状况进行思考。对贾平凹来讲，这更多的是一种痛苦的心理过程。他又自觉不自觉地把这种痛苦思考的情绪带进了自己的描写对象，渗透于《浮躁》的字里行间，而"浮躁"正是从这种创作心理出发的对现实的个体感受，是从这种情绪性感受而导出的对社会文化现象的理解，对于一个复杂时代的回答和判断。所谓"浮躁"，一般是指作为个体的人在历史运动中常常出现的心理和行为选择的失去自信的心理、情绪状态。秉性柔弱的贾平凹在突变的生活面前出现种种惶惑是合情合理的、自然的。但是我们还要看到另一面，即为《小月前本》《鸡窝洼人家》《腊月·正月》等作品所昭示出的对改革生活的欢欣和自信。于是客观生活的逻辑、以往的信念在《浮躁》中又以一种对于时代自信的方式出现在"浮躁"的心理情绪氛围和作品结构中。这种惶惑和自信的矛盾，构成了《浮躁》内在的生命力。于是，作为作家主观心理情绪的"浮躁"在作品中失去了原有的具有消极意义的单向透明的性质，而变成了生命和生机的同义语。州河喧嚣、浩荡、奔腾不已的浮躁性格，成为我们时代生活的象征。正是这种总体的感受和把握，才使作家对生活从否定性的非理性判断，过渡到肯定性的理性把握，成为痛苦惶惑中的欣慰、困顿中的沉思。这样，《浮躁》给我们呈示出的就不仅仅是对社会弊端的批判，而是对社会图景宏观上的把握，是对民族活力的赞颂和历史巨大前趋力的讴歌。

有同志说，揭示国民性的弱点、传统的民族文化心理的积淀，这是当今小说的一种倾向，但是问题在于，置身于改革大潮中的文学创作，是否从这个层次上揭示出改革的艰难性就算达到了目的？其实不然，还应该继续深入下去，更重要的是要着眼于参与改革的具体的人如何在心灵上产生矛盾、痛苦，揭示民族文化心理是如何在这些人身上发生变化的。《浮躁》的可贵之处在于，它不是仅仅揭露存在于包括金狗在内的人物身上的国民性弱点、传统文化心理的积淀，而是写出了当代生活中人物心灵痛苦的蜕变过程。金狗的蜕变是走了这样一个过程：开始觉醒——心理失重（困惑不安的失重）——上升到更高的理性境界。金狗的心灵运动说明，只有参与改革的人的不断裂变、更新、前进，才能适应改革的时代、变动的社会。这种写法就比一般写改革中人的尊严的觉醒、展现传统文化落后的一面等等要深刻得多，在当今反映改革的小说中，像《浮躁》这样深刻地写出人的内心痛苦裂变过程的还不多见，所以《浮躁》的出现，有着比较重要的文学意义。

与会同志对《浮躁》所运用的创作方法进行了探讨，从表层看，《浮躁》是严格的现实主义作品，但深入分析和思考，又觉着用现实主义很难恰当地界定这部作品。就其内在精神而言，可以说总体上具有现实主义的特质。但从艺术表现角度看，作家似乎又在破坏着我们在以往的现实主义作品中经常看到的艺术秩序，这表现在下列几个方面：一是作者似乎未经雕琢和提炼地展现着生活的自然流程，使这个艺术世界显得繁复而博杂；二是作品虽然有重要人物和次要人物之分，但却没有致力于典型环境中的典型性格的塑造，而是让人物在历史文化、时代运动的大背景上以类似自然生活过程的形态匆匆行动着，造成社会文化行为、文化心理的类的特征，而不是通常现实主义作品中的个性特征；三是这部作品有比较强的主体感受介入感，作品本体有一种神秘感，可以看出禅宗文化的浸渗和影响，这些方面也和新中国成立以来的现实主义作品是不太一样的。所以这部作品是用传统的现实主义概念所不能完全框范得了的，如果要说它是现实主义作品，它也是发展中的或发展了的现实主义。还有同志尝试用新的概念去界定这部作品，认为在某些方面继承了《红楼梦》的写作方法，是虚与实的统一、个体与群体的统一，应该把《浮躁》称为具有现代色彩的东方现实主义。我们今天所讲的现实主义，民族化的工作还做得不够，《百年孤独》的现实主义不是中国的，《子夜》的纯写实主义也还缺少民族色彩，现实主义发展到今天，应该吸取中国文学的艺术精华，捕捉到民族文化的骨力，在这方面，《浮躁》的追求是应该引起注意的。

讨论会上，也有一些意见分歧，一些同志指出了《浮躁》存在的不足，认为这部作品后半部逊于前半部，后半部许多地方是事件的发展过程，人物的灵魂缺少更大的冲突、裂变，在结构上给人太密太急的感觉，失去了作家以往作品所一贯具有的疏朗感、从容感。有同志建议作者在继续挖掘对商州农村体验的同时，应加强对城市里大的机关、国家中上层各领域的体验、认识，认为这对于作家今后写出更宏大的作品是不可或缺的准备。

（原载《小说评论》1987年第6期）

长篇小说《浮躁》纵横谈

王 愚 贾平凹

王 愚 从《收获》发表《浮躁》以后,不少人认为这是陕西近几年来长篇小说的一个新收获。恕我直言,像你的《商州》,实际上是中篇小说的连缀,或者说是系列的短篇小说。具备完整的长篇结构的,《浮躁》可以算是第一部。它一发表就引起了人们的注意,不少评论家写了文章,是必然的。

我觉得,如果说《浮躁》有价值的话,恐怕有两层意义:一层是,对于当前改革的时代,作了深层的探讨;第二层是,在深层次的探讨中提出了许多关于人生的重大课题,就这个意义看,它又超越了局限于具体改革情况的摹写。对文学、特别是长篇小说来讲,不概括一个时代是不行的,但如果没有超越时代生活的意蕴也是不行的。你的《浮躁》在这方面作了有益的探索,因此约你来谈一谈。我很希望听听写《浮躁》的时候,你是怎么想的?

贾平凹 《浮躁》从元月份发表到现在快一年了,应该说已经好长时间了,在读者中反响还很大,收到不少读者来信。但文学界和评论界开头一段时间比较沉默,我很愿意有这样一次交谈的机会。回想《浮躁》的创作,情况是这样的:前年冬天就开始写,一直到去年的年初,写了十五万字,后来全部报废了。从去年的春天,又断断续续开始写,夏天完稿。在写这部长篇时,我有个感觉,这几年随着年龄的增长,随着本人在社会上交往的一些生活的具体感受,总想写一下现实的、真实一点的东西。本来就我的思想来说,一度在创作中有意追求一些和现实存在距离的东西。

王 愚 在文学创作中,距离这个东西,不能否认,因为太切近现实,热血沸腾,感触甚多,反而不容易深下去,就像鲁迅先生当年说的,热情可以杀掉诗美。但是这个距离应该是心理上的距离,而不是现实上的距离,不知你是否同意这个看法。

贾平凹 我是同意的。所以当时在写《浮躁》时,总结了自己以往的创作,吸收了同时代的一些作家创作的经验教训，总结自己，也总结别人。比如我给很多人说过，《浮躁》中的金狗这个人物，还有对一些干部的描写，如果没有前一段出现的《新星》就不可能出现现在的情况，我写这些人物时就有意识站得高一点。又比如现在这样写，从一个乡到一个镇上、州里、县上，再到省上，这些办法严格讲也是吸收了路遥的《人生》的一些办法，原先我虽然写了这些现象，但没有拉的这么远，场面也没有这么开阔。我当时有一个野心，怎么能写得社会涵盖面大一些。

王　愚　这种野心，实际上是一种雄心。你讲的这个涵盖，是作品内在力量深厚与否的重要因素。涵盖面小，你可以写出一些具体的人和事，也许还比较生动鲜明，但人们通过这些具体的人和事，很难看到历史的走向、人心的流变，格局是狭窄的。这就关乎作品的涵盖面到底是博大，还是狭小；是深沉，还是肤浅。

贾平凹　我长期考虑一个问题：鲁迅先生的《阿Q正传》和塞万提斯的《堂吉诃德》，这两部作品为什么能典型地概括那个时代的特点。我觉得人家是能够从现实生活中抓住当时时代社会心态问题，抓准了，抓的有力，涵盖面就大。如果你从一个具体的人身上来概括个东西，往往难度就更大，不容易达到这一点。如阿Q，就是抓住了那个时期、那个历史阶段的社会心态、民族心态，鲁迅先生抓准了，写了出来，这个人看也像他，那个人看也像他，其实谁也不是，只是鲁迅先生悟到这一点。对照总结了以前的一些创作，发现自己常常是从具体的人和事着手来写的。这回写《浮躁》，总的构思就不是从某一个人来看，不是听了什么故事从那一件事来写，而是从许许多多人的心态中抓住当前时代中的浮躁情绪，从这一点出发，去组合人物，展开事件，用的一些素材是现实生活中发生的事情，但抓住的是弥漫其间的情绪。

王　愚　从具体的人和事着眼，但拨开表层的音容笑貌，触摸含蕴其中的心态流变，并且把它上升到时代的高度，这恐怕是文学创作，特别是叙事性文学的一条重要审美原则。鲁迅先生谈《红楼梦》说"悲凉之雾，遍布华林"，也是强调了当时的时代氛围、时代情绪和人物的心态的交融。你刚才讲到这一点，从浮躁的情绪开始，抓的准确与否，可以商议，但把浮躁的情绪作为当代普遍的社会心态突显出来，应该说是具有较深刻的文化追求和审美层次，当然社会心态表现在具体人身上并不一样。比如说，表现在金狗身上，表现在雷大空身上,甚至包括表现在小水的身上,都不完全一致。但通过这些具体的、表现各异的人物,抓住整个社会氛围中间形成的一种心理层次,就比表面地摹写性格要深入得多。

贾平凹 我在过去写的几篇文章中,也谈过我这个观点。我觉得很多人经常讲时代特征、时代精神,我想谈时代精神应该有一个基础,并不是要怎么样就怎么样。汉代的时候,国家强盛了,国家强盛就必然产生霍去病这样的人。在这样的时代,即便石匠随便凿一块石头,都像霍去病墓前面那块石头了,粗犷、有力、浑厚、夸张。

王　愚 你当年写过一篇《卧虎篇》讲的就是这种情况。

贾平凹 对的。

王　愚 一块普普通通的石头,在艺术家的笔下,三敲两凿就表现出当时的汉代风骨,主要是社会心理的表现。

贾平凹 那种东西我估计当时的人也不一定能清楚地意识到,回过头来看,那一段时间是强盛的,才产生那种风格、那种气魄。而在清朝末年出现了鼻烟壶、小摆设,当时也是觉得很精致的、豪华的,过后一看感到表现的只是一种小气的、没落的情趣。所以,我想怎样才能把握目前这种时代,这个时代到底是个啥,你可以说是生气勃勃的,也可以说是很混乱的,说是摸着石头过河的,你可以有各种说法,你如果站在历史这个场合中,你如果往后站,你再回过头来看这段时间,我就觉得这段时间只能用浮躁这两个字来概括。拿我自己来说,我觉得这样的理解比较确切。因此,我以为,对于当前的时代精神,主要是原原本本、囫囫囵囵地拿出来,请后人来评价。如果现在人们要预测未来会怎样,恐怕也只能站得高点,拉开一点距离来看。我就是在这种基础上开始写《浮躁》的。当然,《浮躁》用的素材,基本上是我这几年经历过的一些事情和朋友身边发生过的事情。陕西也出现了很多案子,很多大案子,就案子本身来说咱不评价它的正确与否,对具体的牵涉到这些案子中的人的好坏也暂且不去管它,我是借用这些故事加以改造,以透视当代人的心态变化。有些还利用了我老家的一些材料,像巩、田两家的斗争。

王　愚 关于巩、田的问题,咱们以后还要谈到,究竟你写的深刻与否、准确与否,或者这样的概括有没有时代特征还可以再研究。但是你从这个家族问题着手,来探索改革发展的趋势,应该说很有见地。在中国,特别是中国农村，这个家族问题，恐怕是我们小农经济、宗法制残余里头一个根本的东西，它常常渗透在生活的每个角落，牵动着每个人的心灵，那是一种行为规范，又是一种牢固的习惯心理。一些村子里头，许多事情你很难从是非上、黑白上、进步与落后上区分清楚。但是，你从宗族上加以剖析，却是泾渭分明的，这就是我们这个民族的特征。

贾平凹 这也是中国文化的特征。金狗斗争一场还得回去，他本身也是在那个网里，当然他在这个网里是比较活跃的一个分子，也有冲破网罗的愿望，但是他是受这个网制约的，他也逃不出这个网，最后还得倒回来。《浮躁》中雷大空是一种浮躁，金狗本身又是一种浮躁，不管巩家的、田家的，都带有浮躁气，城里的、乡里的、山上的人、水畔上的船夫，都有浮躁气。

王　愚 青年评论家周政保评《浮躁》，文章的题目就叫《〈浮躁〉：历史阵痛的悲哀与信念》，我觉得他还是看出你在作品中追求的中心来了的。浮躁，一种在历史现实的推移面前的不安、躁动，尽管不是变化本身，却预示了蜕变的开始，这里面不是欢乐，而是有许多痛苦的。你刚才谈到金狗，还有雷大空，他们最后被捕入狱，自然有他们的弱点，也可以说是历史的印记，但你不能不承认，雷大空们从事的那些东西，还是适应我们这个时代的。金狗就更不用说了，他的几经折腾，至少可以看出逆来顺受、知足常乐那一套处世哲学的被怀疑、被抛弃，心理结构中不安分守己的因素在滋长、在发展，无论怎样，这总是我们这个时代的进步趋势。甚至在小水的身上也已经看出这种东西来，包括她后来不得已而出嫁，这中间是个人的也是历史的，不知你当时怎样想的。

贾平凹 当时写《浮躁》的过程中，总体方面的构想就是这样的，在《浮躁》未发表以前，我在《文艺报》上有篇文章，里面说到，我在1984年写出《小月前本》《鸡窝洼人家》《腊月·正月》这三个中篇以后，到1985年时写了另一类作品，如《远山野情》《天狗》《黑氏》《古堡》，以后我想怎么能摆脱小家子气，把小家子气的硬壳突破一下。所以在这个长篇里面，除了我说的总体构想以外，想把生活面打开，写中国目前发生的事情，又把它和历史联系起来，造成一种比较宏大的规模。现在社会上对改革文学有些逆反心理，我想主要是这号文学写得太表层，又成了新的模式。能不能写了现实生活，却不是就事论事，使它升华起来，叫它寿命更长一些，我觉得关键是要突破小家子气，一方面生活面在开阔，一方面站位要高。

王　愚　能不能这样概括一下，一个是视野要宽，一个是视点要高。

贾平凹　我在这一两年中，系统地读过《史记》《中国通史》这类东西，怎样从历史的角度上考察目前中国发生的一些事情，把前后历史一看，有些问题你就会看得特别清，有些东西你当时看是不好的，从历史角度看或许还是符合历史规律的。比如雷大空，严格来讲，作为一个人他走了犯罪道路是活该，但从他的举动，从他在这一段历史中起的作用来讲，都是应该唱赞歌的。如果不站高来看雷大空，你只能把他写成一个坏蛋，一个利欲熏心、在改革中钻党的政策空子、胡倒腾的家伙。

王　愚　在这一点上，牵涉到过去文学曾遇到过，现在的文学仍然会碰到的一个重要方面，那就是道德和历史的关系。文学是人创造的，对象又是人，是完整的人，不可能不触及人的行为规范，也就是道德；但人的行为除了规范的一面，还有变化的一面、创造的一面，也就是历史进程，两者不可能不一致，但又常常不一致，这就增加了作家审美判断的困难。咱们把话题引到这个上面，可以更深入的谈谈，我想这对文学如何更深入地把握当前这个时代会有一定的意义。你看，不光是陕西的作家，像山东那一批崭露头角的作家，王润滋的《鲁班的子孙》、张炜的《古船》等都在这个方面有较深的探索。在我们当前历史巨变的时刻，旧的仁义礼智信那种道德规范已经不完全适应了，那么新的道德规范是什么，好像也没有完全确立起来。在这个中间怎么从道德上来看我们目前一大批处在改革的旋涡中，并且得风气之先的人，是比较困难的。我不知道作家目前有没有这个困惑，我们评论家是有这个困惑的。怎么评价这个问题，说符合历史进步的就可以不讲道德，恐怕是一种片面的说法，我们传统的道德，当然有许多是束缚人手脚和心灵的，但也有不少是调整人际关系的，完全抛弃，只能形成混乱；但说人心不古、今不如昔吧，好像一讲改革，全是不道德的，恐怕也是片面的，而且是一种更大的片面。那么怎么评断这个问题，我看还是应该采取一种探索性的态度，而不应该采取判决式的态度，不知你怎样看。

贾平凹　出现这样一种困惑，应该说是必然的。山东那些很优秀的作家，写的东西不错，很有启发。我应该提这样一个问题，怎样把道德、历史和现代意识这三个东西糅合在一块。这就牵涉到怎样看待目前这个社会。具体拿《浮躁》来讲，怎样看《浮躁》中这些人，比如金狗、雷大空、小水、石华等，要评价这些人当然只能用现代意识。现代意识就是当代意识，当代意识严格讲里面也包括一种历史的眼光，不能就事论事来看这个东西，所以，不能仅仅用道德，尤其是过去的道德标准来评价，如果仅仅用道德来评价，只能导致黄世仁和白毛女的模式。

王　愚　是啊！黑白分明，善恶两极，而且那种评价基本上是以阶级立场为划分标准，地主阶级必然是坏的、恶的，贫农必然是善的、好的，在当时是有它一定的现实根据的，在土改时你不这样分，就无法执行土地法大纲。但是在目前的20世纪80年代，怎样评价这个东西，恐怕就比较复杂了。

贾平凹　往深一层挖的话，就涉及对人本体的生命意识的考虑了。比如雷大空这个人物，他基本上应算是坏人、恶人，但从历史角度来讲他又有一定的进步性，就像每个朝代的农民起义一样，起义的很多头子就是土匪，但从历史发展来看，没有这些人也是不行的，他代表一种进步的力量。就拿目前我们在街上看到的赶时髦的、穿喇叭裤的、留长头发的那些人来说，或许就某一个人来说，有肤浅的、庸俗的、不道德的一面，但他总的是代表一种新的风气、新的社会时尚，没有这些人的冲击，社会也不一定能够前进，当然这是从长远来看，从历史发展的高度来看。

王　愚　我觉得你这个考虑就深了一层。过去简单地说这些人是好，或者从反面来讲这些人是坏，恐怕都过于片面，是一种单一的思维逻辑。

贾平凹　代表社会前进的力量，作为一个来讲，并不一定就应该是通体完美的形象。

王　愚　如果一个作家在这些地方能够更深的思考的话，就不至于把自己的作品写成一个单一的模式。

贾平凹　当然这里面不是机械地搞那种性格组合，往好人脸上抹黑，给坏人添点光彩，不是机械的、人为的。因为在现实生活中你会发现一些人，他们都是完整的，常常是好处和坏处、善良的和邪恶的东西糅合在一起，又都和他们的经历、修养、气质相吻合。就拿《浮躁》中的金狗来说，他是农村追求进步的、有知识的、新的一代，但他本身又带着好多毛病，他既聪明，又狡猾，也会耍手腕，在男女作风问题上他也常常管不住自己，比较轻率。但这些东西不是作家硬加在他身上的，他做的这些事情符合他的身份，这里面写了他和三个女人的来往过程。当时写的时候是想从他的婚姻生活问题上，也能看出他那种浮躁情绪，不是为写男女作风问题而写他的男女作风。田中正严格来讲是个很坏的人，但他在这种浮躁气氛之下，也有他的悲哀，有他痛苦和他无可奈何的一面，他为了保他的地位也是一个毫无爱情的人。

王　愚　我们现在写改革者的一些作品里，为了复杂，常常写三角恋爱，甚至四角恋爱，好像为恋爱而恋爱，而不是通过恋爱，写人的心理历程，写人的内心波澜。像田中正这号人，在爱情上朝三暮四，见异思迁，在事业上施展了许多手腕，工于心计，但是他本人内心深处也隐藏着十分深沉的悲哀，在生活中也常常感到一种孤独的痛苦。

贾平凹　他嫂子把他控制着，他后来想摆脱都摆脱不了。

王　愚　这一点在你的作品中间写得很好。田中正既不能摆脱他嫂子的影响，而他又非常地想摆脱这种关系，这里面是非常痛苦的，而背后又是这个大时代的波澜促成的。

贾平凹　金狗被捕以后，这个女人也有恻隐之心，她也有痛苦，惊慌不安。这里面还牵扯到一个很次要的人物，就是军区司令，许飞豹表面上写他很正经，一心想当个清官，实际上他也有他的苦恼，他的老战友的儿女来找他，他怎么办？因为中国毕竟是中国，从文化层次看，人和人之间一定要有人情味，他和老战友一块闹革命，他又抚养这个儿子，战友的儿女给他出了个问题，他又解决不了。巩宝山因为是失利的一派，他知道田家在省上有更高的靠山，他虽然在中间部位也奈何不了田家的县委书记，他也痛苦得很，他也想借助金狗这势力。金狗也正因为掌握了这一点，便借这个打那个，借那个打这个。我觉得这样写符合现实生活，也符合人物性格。

王　愚　在这一点上，我有这么个想法，你写的田、巩两家，跟你的金狗、雷大空、小水这些人物，包括组织水上运输队，等，揭示了一个比较深刻的问题。近年来，我们在改革的过程中，逐渐意识到最大的阻力来自一种历史的惰性。这种惰性，我们常常归结为小农经济思想和宗法制残余，但肯定不同于春秋战国、汉唐宋元明清，也不同于民国时候，带有20世纪80年代的特点，这些宗族的东西，积淀在人心这一层次中，渗透在人际关系间，而且会涂上一层合法的油彩，借助于冠冕堂皇的理由。如果一个革命者不是彻底打破传统，很可能陷进这个网内，因此，你由此着手，写出即使是党内、革命的东西，有时也会纠缠着许多宗族的东西，这样就写得比较深刻一些。问题在于，你还是写得简单了一些。改革的大潮迎面而来，震动了各种不同的人，使他们躁动不安，成为一种时代的情绪，即使在网中陷得很深的人，一面有挣扎，一面也会有惶感、有痛苦，他们之间也在经历着一番非常痛苦的精神历程，这一点似乎触及不多。

贾平凹 这些人是各个阶层的，不管什么地位的人都在这里面表现一种浮躁气，不管正面的、反面的，不管你在位子上不在位子上，上面的、下面的，国家有国家难念的经，从每个人本身讲，谁也不想把这个国家搞坏，但这里面就牵扯到各人的利益、各人对事物的看法，有时就搅和一块去了。

王　愚 这就牵扯到另外一个问题了。你从浮躁这个角度来观察我们现在社会的各种人的心态，它和改革开放的形势有关，然而更深刻的表现在民族文化心理结构之中。这就不能不牵涉到中国大的文化背景问题，中国人的心理结构的稳定状态，和中国文化长期的陶冶分不开，开放改革，又遇到现代文化（较多是西方文化）的冲撞，它表现出一种既有顽强生命力，然而又确实带有落后性的情况，形成剧烈的冲击。不知你在《浮躁》中是怎么考虑的。我看作品中出现考察人的形象，就是为了更明确地点明这个问题，正如评论界一些人说考察人不是个丰满的形象，比较简单，为什么你要写这个人物，从总的艺术构思上，你当时怎样考虑的。

贾平凹 当时想这样一个问题，抓住社会总的心态以后，我就考虑为啥能产生这些问题，为啥在目前这种情况下产生这些问题，国民产生浮躁的情绪。

王　愚 这个问题好。近几年来我们的创作中间有个比较可喜的现象，大家现在不局限于某种生活领域、某种题材，而是从具体生活场景、具体题材着手，然后寻求超越，探索人生的归宿，甚至一种宇宙意识的形成、当代意识的渗透。

贾平凹 改革开放以后，把国门打开，觉得世界上其他国家比咱们快了多少年了，一下子从那种强烈的自尊感到失落感，又产生民族自卑感。

王　愚 在不同文化冲击中，这种感受会特别强烈。

贾平凹 产生失落以后现在又不甘心失落，又要往前走，想急于求成，在这种基础上产生一种浮躁情绪。这种浮躁情绪总的来说，我觉得还是人，作为具体人来讲都要接受现代、当代意识，自我表现，发挥个体的主体精神，金狗也是主体精神，雷大空也是主体精神，但是在主体精神的普遍呼吁下，国民都要自强起来，这就牵扯到国民素质问题，个人素质不一样必然在自强过程中表现不一样，雷大空的素质太差，他要自强起来就要大轰大嗡，趁空就抠它一家伙，再加上中国的宗法观念、封建的东西太多，各种情况下精神受压抑以后，社会上就出现好多不能令人满意的东西。比如素质不好，国家叫你开放，把经济搞活，本来是个好政策，但有的人就钻空子去损害国家的利益，抬高物价，投机倒把，以假充真，把事情给办坏了，就存在这个问题。

王　愚　你讲国民素质的问题，这几年来恐怕也不仅仅是文学界考虑的问题，甚至于是我们整个文化界考虑的问题。但是我们的文化素质为什么会出现这个问题，因为我们多少年来对知识、对人才、对知识本身，就存在一种偏见，尽管我们讲了许多这样的知识、那样的知识，但是在文化素质上没有提高，所以这几年开始有了主体精神的张扬、提倡，但是我感觉到，你现在（包括通过考察人的嘴）说的，一种低层次的文化素质，或者文明层次，和主体精神的张扬这个中间的差距，从表面上看可能是这么个东西，但是往深里想一下，所谓主体精神的张扬，首先是人的自主、人的尊严、人的价值的自觉，是价值观念的变化，在雷大空身上，甚至包括金狗身上，恐怕还很难说有什么主体精神的自觉，他还没有意识到他自己的存在，所以在改革的大潮下，他是并不十分清楚的、自觉的被卷到里面去的，当前，尤其是比较闭塞的地区、知识素养低的地区，这种人颇多。但他们每个人都想当弄潮儿，又不可能当弄潮儿，然后就发生许多悲剧，这个悲剧恐怕正是时代浪潮冲击下，人们缺乏主体精神的自觉才形成的。其所以缺乏自觉，当然和文化素质、知识教养、眼界大小有密不可分的关系。这里面我觉得你有几个着笔不多的人物，写得入木三分，比如韩伯，甚至于包括金狗的父亲画匠，这些人写得好，他连意识都没有意识到，然而他卷到这个潮流里去了，韩伯的发牢骚，画匠的驯顺、懦弱、逆来顺受，而到后来也开始参与到改革中来。看来，充塞于生活的浮躁情绪是最根本的症结。

贾平凹　因为我一直是这样认为的，主体精神的张扬严格讲我觉得这不属于中国文化的范畴之内的，中国文化就不是这样要求的，这应该是西方的，正因为现在中国门打开以后，进行开放以后，吸收外来的一些东西，外来东西对农民来说，对农村各层人士来说不一定明确指着说我要咋样，过去那古老的文化不适应他自己，他总想开阔开阔，但他从小生长到现在，血液里全部是中国的，他想主体意识高些，但是要达到主体意识高一些，那是很艰难的事情，虽然是朦胧的、不自觉的、无意识的，但实际上也就是这个过程。

王　愚　在这一点上咱们基本是从两方面谈到这个问题。至于主体精神是否从西方接收来的，恐怕还会有不同意见，但打开门户，放眼宇内，总要使人在失落之余刺激起一种重新认识自己、审视历史、发扬主体意识的精神，不仅中国是这样，许多别的民族也有类似情况，日本也经历过这个过程。我觉得你的这个思考不限于《浮躁》，大约从《二月杏》开始，恐怕你就开始考虑这个问题了。你读老庄，你研究禅宗大约也是从那里面找出主体精神的张扬、个性意识的觉醒。但那样似乎比较困难。为什么呢？孔、孟之道也罢，老庄哲学也罢，基本上讲的还是怎样把人的个性融合到集体之中，所谓"天人合一"，所谓"顺乎自然"。因此，你现在这样一个变化，应当说是你这几年来对中国文化探索后，已经有所醒悟了。

贾平凹　因为中国文化说到底是消灭个性的。所以现在开放以后，吸收西方的一些文化，这是慢慢来的，不是很明了的，你要要求慢慢来就走到那一步了，但是他又是很自觉的，在大潮中每个人都要受到这种冲击，然后每个人的情况不一样，就要产生浮躁情绪。

王　愚　当然，你的长篇中不仅写了些在时代大潮中冲撞不已的人物，也写了许多非常美的形象。比如像小水，善良而又正直，温柔而又刚强，情感真挚，落落大方，给人很深的印象。但是目前也有些人，包括评论界，谈到小水总觉得旧的东西、传统的东西，比较多了一些；而从石华的身上，现代的东西又多了一点。但从我的感觉上来讲，小水的形象，从她的内涵上、血肉丰满上，比石华要强一些，至少石华那些放荡不羁、热烈坦露的举止，外在的东西比较多，当然也许是我的偏见，是我对现代女性缺乏了解。我不知道你当初创造这两个人物的时候，是怎样考虑的。

贾平凹　当时写这两个女性基本上是互相参照来写的，也多少带有象征性，石华代表另一种，代表一种新型的女性；小水代表传统的女性。但她们都在中国文化背景中，不一定说新型的一切都是进步的、完美无缺的，传统的就是不好的。这里面有具体情况，石华她也带有新型的女性的浮躁气。她也一身毛病，她有她肤浅的地方，但她也有她可爱的地方。她生活浪荡，但内心是痛苦的、不得已的。她和高级干部子弟胡来时，人家糟蹋她，她也是十分痛苦的。对于金狗，她也看不起，看不起金狗的出身，看不起金狗他爸，但是却看上金狗本人、金狗的才气，这也可以说代表了城市里一些女性的复杂心情。作为小水来说，小水身上传统的美多一些。但传统的美多，传统的惰性同时也就多了，同时存在。正如同石华体现了现代女性的追求，当代一些糟粕也就多了。不能单一来写，它都有各自的复杂性，所以她们每个人都在进行转变，不一定好就全好，坏就全坏。这也和中西文化一样，不一定西方都是好的，也不一定中国都是好的。现代化也会带一些污染；中国传统的美好素质，的确令人陶醉，有时却会给你带来保守、落后、封闭，每一种文化都有它的长处和短处，具体到每一个人来说都有他的长处和短处，但这不是故意叫英雄人物多犯些错误，每一个人本身就是一个活生生的存在，这才是真实的生活。

王　愚　这几个人物带有你过去创作中间的特点，然而又有一种新的素质、新的内涵，这一点读者、评论界都给予了充分的估价。但是也有人讲你的《浮躁》，包括《鸡窝洼人家》《腊月·正月》都是不得已而为之，容易发挥你长处的还是在《远山野情》这一类作品里，我的看法不完全是这样。对于现实的拥抱，无论怎样，都是当代作家对生活充满激情的表现，而在现实生活中又着重注意人们心灵深处的冲撞、衍变，是更深层次的审美追求，不能简单地看待文学的超越和永恒。

贾平凹　对这个问题，我也听说有人有看法，我有我的主见。我在一次会上谈过，不论任何作品，不管你用什么形式来写，不管你写啥，关键要增加一种大气魄，底蕴一定要在，境界一定要大，我是强调这个东西的。我觉得要增加自己的大气魄的东西，对于现实生活要更了解。写现实生活你能够充分把人物写透，就能增加自己的这种东西。不能说写现实的就低下，写过去的就高尚，我们常说，画鬼容易，画人难，鬼谁也没有见过，现实生活任何人都能马上看得见，摸得着，如果想突破就事论事，表现起来难度就更大一些。比如现在人们对改革文学普遍不甚满意，关键问题还是没有写好，如果你写好了，同样能产生好作品，不一定你写过去的、历史的东西就能产生好作品。

王　愚　在这一点上我基本同意你的看法。有些评论家对你的评论，说贾平凹在《浮躁》里面最根本的一种东西是表现出一种拥抱现实的热情，很有道理。当然有了这种热情，不一定就可以出现大作品，但是，如果不是全身心地、用自己的全部心血去拥抱现实，肯定出不了大作品。从这个意义上讲，《浮躁》这部作品，到底有多么高的成就，可以有不同的看法。但这部作品表现出作家对现实的把握已经进入一种新的境界。在我看来，这一点是你《浮躁》中间最根本的东西。至于你作品中具体人物、具体的结构、具体的情节，你自己过去讲过，对拉美的文学，特别是对结构主义的一些长处很欣赏，我看在《浮躁》中间都运用进去了。但这些都是为了更深刻、更充分地表现你对现实的新感受、新思考和新探求。

贾平凹 对的，我在序言中也谈到这个问题，想把以前的一些创作，把艺术方面的一些设想，基本上能弄进去的都要弄进去。当时想在《浮躁》中增加一种气势，把气势搞充实，不能用原来那种软的笔调来写了，软的笔调给人以优美的感觉，但是这种优美时间一长就甜腻了，就难看了。老了说过：大巧若拙，没有技巧它才越有技巧，所以在写的时候尽量增加那种浑厚感，在写的过程中怎样把它写得疏朗一点、疏野一点，写到城市那种复杂状态，更能表现城市生活的浮躁气。这样写，作品出来以后结构上就有一种拥塞感，写上一段就不能老这样写了，比如我写到州河上的时候，就用一种闲谈之笔来写；用色彩密集的手法来写城市，基本上用线条来写乡镇。用色块写城市的，这又吸收了外国的结构主义的一些东西，我觉得拉美人都是采取块式结构的，中国的小说一般是线式结构。在《商州》那部小说里面大量采取一种块式结构，当然也有线式的，但是比较弱。

王　愚 在《商州》里可以看出，你展开了各种面，但你没用线条连接各种面，而且把各种面直接组合成整个的生活画面。

贾平凹 严格讲那还是对拉美结构主义一种比较生硬的吸收，后来我想，这种结构办法只能产生于西方的那种文化，西方人和中国人的思维不一样。我曾经在四川看过一种画像石，后来我把画像石画出来以后，把它的道理研究了半年时间，当然中国的结构主要是线，线里面也有它的色彩。

王　愚 从这点讲起来，这次在你的《浮躁》里面，不仅仅是表现拥抱现实的热情，写出了目前改革中一些非常复杂的心态，而且在艺术上也包容了多层次的追求。过去曾有人说你是关中才子，但是，还不是大手笔，这说法也许是很刺激的话，但我觉得并不是毫无道理。因为在你的有些作品里，小巧玲珑的东西，疏朗的东西，一眼可以看穿，清澈见底的东西比较多。从《二月杏》以后，对于复杂的生活，作家似乎又显得缺乏一种驾驭能力，常常陷于一种抽象的对人生的慨叹。从你的《鸡窝洼人家》《小月前本》中又觉得你激起了对生活变化的热情，但也有浮光掠影的东西，而且不少人物仍然比较单一，没有再进一步写下去。而在《浮躁》里面，确实有一种激荡不已的气势，从审美层次上讲这应当是一个作家开始趋向成熟的表现。刚才你提到西方的层次，中国文化的层次，线型的，块状的，在《浮躁》的整个结构上，你是最初就考虑到了，还是在写的中间慢慢开始清楚了呢？这不仅对评论界、对作家、对喜欢你的作品的人，恐怕都是很有兴趣知道吧！

贾平凹 有的是写以前考虑过的，有些是在写作过程中得到启发的，比如说开头写了十五万字全部作废了；为啥作废了，十五万字基本上是大框架的，基本上讲是属于块式的，这一块和那一块间隔距离特别长，空间也特别大，我觉得有个问题，第一读者不容易接受，再就是这样写出来给人一种太疏、太粗的感觉，有许多东西连不起来，也没有系统地展开，当时采取的那种办法不好展开，要么就变成了啰里啰唆的东西，那种写法还不太适合，后来把这两种写法结合起来。严格讲也是摸索，比如说吸收西方的东西怎样和中国的结合，我看了西方一些作品，他们有一种神秘主义、荒诞主义，但西方是西方的神秘，中国的神秘是什么，所以我在作品中也大量写了一些神神鬼鬼的东西。

王　愚 这一点可以看出来，像占卜、星相，和尚的玄玄虚虚的议论，很有点东方式的神秘感。

贾平凹 当时就想追求这个东西。比如说摇卦、对鬼的理解、梦的巧合性，它和西方的神秘主义不一样。

王　愚 东方式的神秘，基本上是人世间的神秘，西方式的神秘往往是远离人世的神秘，比如说耶稣基督的东西咱们可望而不可即，而东方式的神秘包括摇卦、圆梦，大体上是和人世间的东西互相照应的。

贾平凹 这里也采取吸收了好多象征性的，比如关于河的描写，河里发了几次水都是有一定讲究的，第一次发水是游击队进城把城墙冲倒了，第二次发水是金狗也冲过一次。河里涨水不是随便涨起来的。

王　愚 河里涨水和你作品中人物情景是结合在一起的。

贾平凹 对的。这里面有象征的东西，河的流向都是根据八卦阴阳太极的流法。

王　愚 这或者也有一定的道理，但我觉得现在对这类东西从表面上接受的多，有点猎奇。当然，咱们是谈心的形式，你也不一定完全同意我的看法，我也不一定完全同意你的看法，我们还是力求互相理解吧！

贾平凹 只要能做到互相理解，即使意见不一致也不要紧，反而会促成更进一步的探讨，更进一步的理解。

王　愚 对，我完全同意你这个看法。比如对《浮躁》可能提出十条八条的意见、缺点，包括你考察人的形象，咱们今天还没有完全谈到，你为什么把它放进去，将来可以再研究。但是，我觉得整个《浮躁》标志着长篇小说创作，至少在把握当时的复杂现实上它走出了可贵的一步。从咱们的交谈中，我更加深了这个印象，这就是交谈的收获。历史急剧转变的时刻大体上都是这样，浮躁是几大浪潮掀起的一种动荡状态。没有你的探索，很难想到这些，看来，我们之间的交谈还是有益处的，可以说是"平等互利"吧！

贾平凹 是啊！作为我们这一代人，老作家不用说，我们的知识还是比较薄弱的，还需和评论家交流。因为评论家掌握的知识、信息，美学的、历史的，作家不可能那样全面。交流以后，从自己的自私心理来讲也是大有收获，又何乐而不为呢？现在社会上有一些人，要么巴结评论家，要么歧视评论家，这都是对评论家人格不公正的看法，出现这两种偏见，反映出的都是同一种思想。

王　愚 评论家自身也有这个问题。有些评论家就是依靠作家，谁有名就评论谁；或者一反其成，专门挑刺，危言耸听，都是过于趋时和媚世，有真正品格的评论家应该是作家的知音、诤友。知音说是你要理解作家怎么写，不要随便否定作家的某一种探索，甚至这种探索可能是不成熟的；诤友，就是要坦率地指出作家作品一些不成熟的东西，作家可以同意你的看法，也可以不同意你的看法，然后再互相切磋，只要做到这两点，我觉得作家和评论家之间是可以沟通的，也是可以互相促进的。

贾平凹 这几年我和评论家交谈，他的话不可能在你的创作中都能应用，如果用评论家的话来创作那就不能创作了，只能说评论家的话能升华我，能引起我好多思考，突然给我点一下，几句话能启发就行了，所谓悟，也就是这么悟出来的。

王　愚 我觉得和作家交朋友有什么好处呢，就是你评论出来的东西是有血有肉的、生气蓬勃的东西，而不是拿某种理论框架套作家的创作，理解作家创作的甘苦以后，你就知道作家的作品是怎么构思的。评论家不通过实践来讲，实际上是一种空谈。

贾平凹 这样交流我觉得收获大，交流能开拓好多东西，你想成熟就要把你的细胞向任何方面开放，你不能带任何狭隘的、逆反的心理对任何人。逆反心理影响你自己吸收别人的东西，成不了大事情。

王　愚 谢谢你对评论和评论家的理解和鼓励，今天就谈到这里吧！

1987 年冬于西安

（选自《学子书斋·当代文学述林》陕西人民教育出版社 1992 年版）

由"浮躁"延展的话题

——与贾平凹病榻谈

金　平　贾平凹

差几个小时,我们错过了。

我左寻右访来到他的家,他却去了医院。女儿浅浅扒着门,硬挡着进屋的道:"不要进去,你们不要进去,爸爸不在家,爸爸病了。"

千方百计说服了浅浅,我被允许在贾平凹的书房小坐片刻。

这是七八平方米的一间斗室。绕墙置放了一桌一椅、两只书橱和一对沙发,壁悬《达摩面壁图》,又悬郑板桥手书"难得糊塗"拓片;铁钉挂了一叠全国各报刊社、出版社、编辑部约稿、约讲、邀请赴会的信函,函件的天头注明了交稿履约或复信的日期。木桌一角,醒目地置放了一部书稿的复印件,厚足盈尺。浅浅说,这是爸爸刚写完的小说,北京来的女编辑在西安守了半月,昨天才抱了稿子走。这部长篇冠了一个新奇有趣的书名:《浮躁》。

我正端详,平凹的妻子进屋来,一脸焦虑,一身疲惫。她说你真巧,第二天是星期日,医院准予会客。我们当即约好几点钟、乘几路车在那医院门口汇合,她陪我去。

我如约在病房里见到了贾平凹。

说来难以相信,三四年前我们便通信,谈散文集《心迹》的稿务,其间出书选题上下周折,好一阵才归遂人意。《心迹》收集了他写的"商州系列"散文,他自诩为"迄今我最好的一本散文集"。《心迹》早已出版,而作者及编者却未及谋面。

平凹静倚病榻。他病于体内,疾患肝脏,我揣测那病容该是沉重的。来到他榻前,我却莫名其妙的有一种宽松:他握手非常有劲儿,讲话口音也很沉,至今我还记得他说"我"时,发出的下颚音带那种纯正的陕南腔。

"我不像有病,是不是?"他叫我坐下,又嘱咐妻子去沏茶,然后说,"我很浮躁。医生剋我,病了才住院,住院就养病,浮不得、躁不得。我对医生说,这么看来浮躁岂不是健康人的事了?我把一部小说取名《浮躁》,看来是符合了医道。"

我想起他的木桌,想起木桌上厚足盈尺的《浮躁》,不由地会心一笑。

于是就着"浮躁"的话题,平凹侃侃而谈起来。"大家都感到,这么些年来我们的国家浮躁着,我们的社会浮躁着,由国家、社会的浮躁引得我们每一个人(当然,医生说了是健康的人)都不安、都浮躁。浮躁虽不是成熟的表现,但浮躁是萌动,是成长,是生命的力量。就以我的商州来说,农民们要分田分地,要种果养猪,要出外包活,要盖房娶亲,还要领了刚过门的新媳妇去城里开馆子、办商店、创厂子,不赚它个浑身舒坦不回来。你说农民多咋这么浮躁过!当然,这还是浅层次的浮躁,还是从封闭囚禁式的农业劳动中挣脱出来的浮躁,属于饥不择食、慌不择路、贫不择妻似的浮躁,因而滋生了不择手段、中饱私囊、投机倒把坑害国家一类的丑陋事情发生。总而言之,是人的素养还低,是民族的素质还低,仅仅是一个但求温饱的素质。这真是我们先天的不足。

"那么文学呢?文学是关于人的,是关注人的,中国的作家几乎整整思考了三四十年,不间断的反思,终于使作家顿悟到对社会心态的关注。这个问题或许不无偏颇,但其启迪,则使我们打开了思路,冲决了一切框式的束缚,而去自由地创造我们所需要的内容和形式了。如今的作家毕竟进入了文学的轨道,相当的人已不再就事论事地对待自己的生活与写作:'寻根'的出现,他们将目光深究到民族的、历史的深层;哲学的思考,他们又摈弃了公式化、概念化或浮皮潦草的说教。作品中所描写的已不是某一时某一地的生活,而是全人类全宇宙的光照之下的某时某地了。这种作家视点的改变,即时时想到了未来世纪的变化可能,便是这些年来文学躁动的收获。这收获的欣喜我以为便是人的主体精神之高扬。"

平凹说到了动情处,去床头、小柜里寻烟。寻觅来寻觅去方顿悟:这是在医院不是在家里。妻子借助了医生的权威,大大削减了他的吸烟量。平凹瞅瞅我:"唉,你不进烟,无可解我以困境。"无奈,只好啜饮杯中清茶聊以解馋。

"好,再谈吧。香港出版过一本《中国文化的深层结构》,我刚看了。偏颇之处不论,书中用比较的观点阐述的一点对我有启发:西方人重灵魂,中国人重躯体。西方人说'灵魂'只能与上帝对话,因而其'主体精神'得以高扬。中国人则相反,重躯体、重人际,孔孟之道讲仁义礼智信,你看那'仁'的构成——二人之行,即非常注意人与人之间的协调。比方说,你是编辑,你千里迢迢从成都来,我不接待你,或者叫浅浅把你挡在门外,你一定要说'贾平凹这人多么不够朋友,多么不讲交情,多么不好!'一个人好与不好,不在自身主体而完全在别人,在别人的观照之中反显出你的价值。别人说好你才好,别人说不好呢,你就难受、懊悔,千方百计妥协迎合,以至屈辱了主体精神而不惜。常常有朋友问我,你通常什么时候写作?每天大约写多少?我很难过地回答他们:我虽然是专业作家了,但创作的时间还只能是业余的。我的房子太小,而每日的来人又太多。人来了就打门,打得好响。不开门吧,那敲打声恒久不绝,四邻反感,我在里边惶惶惑惑也写不成。人家就坐在门口不走,你连咳嗽也不敢咳嗽,心里老想着别人会骂你、会说你不好,只好开门。来人有的是要紧事,说完就走,多数则是闲聊。我心软,既来之,就陪着聊,聊一晌,聊半天,他才走。我就又去写。每天能写多少呢?随着心灵里主体精神的日益高扬,在这个问题上的痛苦就愈甚。可实话对你说吧,我依然没有勇气完全我行我素,一点点旁人的观照也不留心。"

我笑着插言:"可见主体精神高扬不仅仅是你,是我,而是我们大家,是全社会的课题对不对?"

"对呀!只有人人都有主体精神,人人的主体精神都受到社会乃至法律的尊重和保护,我们心灵的痛苦才会消减。本书还阐述,中国的农民阶级不情愿自己撑持自己,自己主导自己,总是祈求一个青天老爷来断案,祈求一个好皇帝来统治。可屈指一算,中国封建社会两千多年出了几个好皇帝?!实在到了难于忍耐的地步,农民们也造反,也起义,也攻城略地,然而造反终了依旧拥戴新的皇帝来坐龙廷。这样的悲剧在中国延续了世世代代,如果说那还是历史局限的话,那么目前我们一些很叫响的作家、很叫响的作品,不是积极发现、关注和弘扬中国人可贵的主体精神,而仍旧苦心播种愚忠、一言堂、权衡人际、依附青天等等封建劣种,其实是违背了当今中国的历史、社会真实。"

护士来送药。白的、黄的、红的药丸药片竟有许多。我猛不丁意识到这是在医院,病榻上的平凹要休息,不该引他激动,不该再谈这一类的话。我便与他聊诗、书、画。

平凹呷了口茶汤，说："我对于绘画、音乐、书法、戏剧的爱好，热情并不比文学低，有些见解比对文学的见解有过之而无不及。我平日读的书中，相当多的是这方面。如果有人说我的作品受东方美学思想的影响深，那很大程度得力于中国的文人画、民乐、书法和中国戏曲。我有意识将中国的古代哲学与西方的现代派哲学作过比较，然后又分别将中国文人画和西洋油画作比较，将中国戏曲和话剧作比较，从中获得我们民族长期以来形成的美学方面的东西。简单一点说，就是对世界对人生，中国人是用什么方式去感知和把握！至于写诗、书法、作画，正如去公园看景，产生于我文学写作的孤独与寂寞，写了，画了，便悬挂于墙自我受用。因为是一种私货，我为我而作，我为我而乐，其诗其书其画，就不同世人眼中的标准，也不去与旁人协调、攀比，而是我眼中物、心中物，有了一点主体精神不是？！

"我曾写过一首诗：

'有多少水／你就有多少柔情／有多少云／我就有多少心绪／水升腾成云／云降落为水／咱们永远不能相合……'

"后来这诗被别人收入《当代爱情诗选》，说是赚了不少女学生的眼泪，很叫我惶惑。我住院的那个早晨，还为朋友写了一幅字，晾在书房里。那字如何，不去考究，那从美术论文里摘引的几句话，颇叫人动心。眼下，我们哀叹没有伟大的作品出现，没有伟大的天才出现，其实我们过于浮躁了，急功近利、急于求成，往往是我们的悲剧。好，你听我将这幅字诵予你听：

硬的和谐苦涩的美感艺术家最高的目标在于表现他对人间宇宙的感应发掘最动人的情趣在存在之上建构他的意象世界艺术诞生于约束死于自由……"

窗帷是白色，被褥是白色，床柜也是白色；平凹此刻的空间，天地六合皆白。他吟诵着启迪他思路、启迪他灵感、更启迪他人生的连珠妙语，使浮躁的心沉浸到那悠远、宁静而又美妙的别一样境界之中……

1986年11月于成都

（原载《当代文坛》1987年第2期）

在美孚飞马文学奖新闻发布会上的讲话

贾平凹

女士们,先生们,朋友们:

当得知1988年的美孚飞马文学奖授予我本人时,我是非常的高兴的。美孚飞马文学奖从1977年以来已授予了四大洲七个国家的文学作品,愈来愈赢得国际盛誉,我荣幸获得此奖,这不仅是对我个人的一种嘉许,也是对中国文学的一种嘉许。我深深感谢美孚公司,感谢飞马文学奖计划,感谢评委先生。

获奖作品是我的长篇小说《浮躁》,它写作于1985年,前后经历两年,三易其稿,于1987年先后在中国上海《收获》杂志上发表和在中国作家出版社出版。在中国的文坛上,我属于青年作家,却经历过一系列动荡的年月。我长年生活在中国的西北,那里是中国比较艰苦的地方,但正是于这么个地方,更能从另一个角度体察到我们这个民族的兴衰变化。我感受着也在参与着我们民族经历了种种磨难之后的新的变革,为取得伟大的成就而欢呼着,也同时为存在的种种困难而焦急着和努力工作着。《浮躁》就是力图表现中国当代社会的现实的,力图在高层次的文化审视下来概括中国当代社会的时代情绪的,力图写出历史阵痛的悲哀与信念的。小说写到的仍是我许多作品曾经写过的一块叫商州的地方,它是我的故乡,更是我的小说的世界。我描写它的时候,希望人们意识到那块土地所蕴藏的意义,企图把这种意义导向对历史,对传统,对现实的民族生活,对种种人生方式及社会人性内容的更深刻的醒悟和理解。对于当代的中国,全世界都在关注着,我们也需要全世界了解我们、支持我们,同样,我们中国当代文学也需要全世界了解和支持。飞马文学奖旨在表扬一些文学作品很少被译成英文的国家中的优秀文学作品,而1988年授予我,这对于我这个从事汉文写作的中国作家是一种极大的欣慰和激励。《浮躁》介绍给美国读者及各地的英语读者,我盼望能从中进一步增进对当代中国的了解,进一步增进对中国当代文学的了解,愿《浮躁》作为中美文化交流的一件信物,增进中美两国人民之间的友谊。

我的话讲完了,谢谢诸位!

1988年10月26日

(选自《〈废都〉之谜》,团结出版社1993年版)

文本分析

WENBEN FENXI

混沌世界中的信念和艺术秩序

——《浮躁》论片

李 星

一

贾平凹的长章小说《浮躁》是一部以对现实的同步思考为特征的，试图从政治、经济、文化心理诸方面宏观把握时代脉息的重要作品，它既反映了人民群众中自觉的和潜在的改革要求，改革给中国社会带来的活力；又尖锐地触及了在发展城乡商品生产中所出现的多种问题和新的矛盾。这一创作意图和实现决定了《浮躁》总体上的现实主义性质。但是从作品的艺术表现和审美效果看，作者似乎又背离着我们在以往的现实主义作品中经常看到的艺术秩序；一是作家似乎未经提炼和修饰地展现着生活的自然流程，使作品中的生活显得芜杂而无严格的剪裁、提炼；二是作品虽然有人物，有主要人物，但却没有致力于典型环境中的性格刻画，而是让人物在生活的自然序列中匆匆行动，造成他们社会历史文化类特征的突出，鲜明的个性特征的不足。三是与前两方面的自然主义表现相反，我们看到了作家主观认识和情绪感受在作品中的不断积极介入。如果说在作品人物关系中渗透的作者鲜明的价值观念尚是现实主义艺术的特征之一的话，那么，"浮躁"的现代心理概括的直白，序言一、序言二的直抒胸臆，考察州河的神秘人的纵横家谈，以及文采斐然但却并不切合撰写者金狗认识能力的给雷大空的祭文，则成为作家试图覆盖作品全部生活原野的理性云团，它们不是以作品生活系列中的量而是以理性的穿透力的质，统摄着长篇的艺术结构，使作品的现实主义构架发生了严重的主观表意性倾斜。因此，从前两者看，《浮躁》中的人物和生活是保留着更多的生活自然色彩的混沌世界，而从后者看，作品在混沌无序中又强化着艺术家的主体精神，使其呈现出现代艺术的新秩序。因此与许多文章对《浮躁》的典型性格分析不同，本文对《浮躁》艺价值的分析将主要着眼于上面所说的作家的主观感受和理性认知。这里需要说明的是，这同样是一种文本的阐释，因为我们所涉及的作家主观性的许多方面，已经成为作品结构的有力部分，并从而成为《浮躁》这部长篇的主要艺术特点。这里必然地涉及对以往现实主义理论中奉为金科玉律的"作家的观点愈隐蔽愈好"的怀疑和动摇。既然文学艺术是人类高层次的精神活动，是人们灵魂最深沉最多样化的运动形式，是人的本质力量的普遍性实现，那么活跃在艺术作品中的直观的现象和本质的直观，如果都是作家生命热情的宣泄、灵魂的颤动，我们为什么要对作品中直接显现的作家主观思想和人格内容这一部分视而不见呢？事实上，它们可能成为一面艺术高墙上的窗口，一双在冥冥之中引导艺术探寻者的眼睛，使我们得以窥见作家灵魂的矛盾和艺术现象的丰富。

二

已经有许多研究说明，一种普遍性的文化思想蜕变在个人心灵上引起的震动的深刻性，是与这个人与传统文化思想的联系程度成正比的。《浮躁》的产生，可以从这样普遍性的文化心理活动规律中得到说明，但是它成为贾平凹的创作契机，还有更直接的原因。作为同作者生活在同一地区的读者，我们很容易作出一个经验判断，这就是，构成《浮躁》的基本事件是1985—1986年在陕西乃至全国引起很大反响的几个经济案件。这些案件中有的人曾经是我们西安新闻、文艺圈子中的人，甚至与作者有较多的来往。一方面是曾经被宣传为改革典型的人成为全国、全省的经济要犯；另一方面是过去根本不可能犯罪的文化界同人被卷进经济犯罪案件。这对平凹来说本来就是一个痛苦的心理过程，而意识深处的传统文化心理，又加深了这一痛苦，使它来得更加全面而深沉。从来忠实于自己的心灵的贾平凹不能不把这种惶惑和深沉的痛苦带进自己的描写对象，渗透于作品的字里行间。他不能不把对世事的愤激之情、谴责之意托付于对田、巩家族盘根错节的政治势力和影响的批判性描绘，又不能不对金狗、雷大空这些平民中因改革之势而触及法网的人寄于满腔的同情。拥护改革的平民百姓撞破了既得利益集团的森严壁垒，而他们自身急功近利的蛮干与弱点，又败坏着改革的大业。旧生活的秩序正在崩溃，新生活的秩序的建立又困难重重。历史力量的高速运转形成了如同天体爆裂聚合中的"黑洞"。平凹感到了它的混沌，又感到了其中巨大的生命力量，他苦苦寻求着对这种中国社会生命力量的历史哲学上的解,并终于将思想的翅膀降落在"浮躁"的山巅上。"浮躁"是他对这种时代心理的概括和判断,也是他不堪重压的现实心理的真实写照。作家眼中的烦乱的客观和心灵中躁动不安的主观终于因它而凝固、清晰,现出了无序中的有序。

"浮躁"在心理学上的意义是指,人由于缺乏对周围环境的理解和认识而带来的生活目标感的丧失和行为上的无所适从。这种行为选择上失去自信的心理情绪状态,是人类个体在历史运动中常常会出现的情况。而从小生活在传统文化氛围中而又秉性柔弱的贾平凹在突变的生活面前出现这种把握不住的惶惑就更其合理而自然。但是,我们还要看到另一面,即为《商州初录》《商州世事》《腊月·正月》等作品所昭示的作家对改革生活的乐观和自信。于是以往的自信,客观生活不无乐观的演进逻辑又从另一方向抑制着"浮躁"词义上的消极因素的蔓延。这种惶惑和自信的矛盾构成了长篇《浮躁》的内在张力,使州河般任性、散漫、喧闹、混沌的生活之河,隐现出时代的主潮和历史的必然。于是作为作家主观情绪的心理学意义的"浮躁",衍化成历史生命、生机的同义语,成为作家对于正在发展变化的现实的总体上的感受和把握。正是这种从对一种心理情绪的客观表述向一般历史哲学意义的升华,使作家对生活的非理性的否定式判断过渡到理性的肯定式把握。州河喧嚣、浩荡、奔腾不已的浮躁性格也终于成为我们时代生命的象征。我们从中看到了作家惶惑中的欣慰,迷惘中的希望。

由凝聚着巨大的理性精神的"浮躁"所显示的历史哲学意识,在金狗给雷大空的祭文中得到了更有力的体现。就像持阶级斗争说把第四回,持人性说把第五回当作《红楼梦》的纲一样,这篇声情并茂、文采斐然的祭文也是《浮躁》的纲。传统戏曲经常让作者所同情的人物几经命运的沉浮,家人离散,忠奸混淆,到最后终于出现夫妻、母子相会,善恶有报的大团圆,这时总有剧中人以至上的权威,作出对这段人间悲喜剧的评价。《浮躁》到写祭文的时候,作恶多端的田、巩势力已经两败俱伤,金狗与小水这对青梅竹马的情人,在走过了许多的人生岔路以后,也终于结合在一起。金狗、小水团圆了,这当然不是传统戏曲意义中的皆大欢喜的团圆,这里包含着巨大的人生的损失、巨大的生活的遗憾,前面还有更坎坷的路要他们奋力去走。但他们毕竟各自在历史的大背景上走完了人生的一个圆圈,有所得也有所失,失去的是青春、爱情、友谊,得到的也是爱情、友谊,然而青春却再也不会回来了。黄沙未必汰尽,然而成熟和经验却也像金子一样在前路上闪烁。以血经验和真情祭雷大空对金狗来说正是顺理成章,而由于对一个在生活中微不足道的雷大空的泣挽而引申出对所有"以身殉时代"的小人物的泣挽,由对雷大空的评价生发出对一个可歌可泣的时代的评价,终于让我们得以窥见这篇祭文的时代象征意义。"千难万苦,逼你不甘可怜,政策英明,催你一腔大愿","你是以身躯殉葬时代,以鲜血谱写经验。呜呼,左右数万里,上下几千年,哪里有这样的农民?固有罪有责,但功在生前一农夫令人刮目相看,德在死后令后人作出借鉴。泥沙俱下,州河泛滥而水大好行船,浮躁之气,巫岭弥漫而山高色壮观"。以感性观之,这是一篇充分发挥着作家散文特长的哀婉和激情的美文;以理性观之,它又体现出作家思智的光芒。它像江河的发祥地,由这里所聚集的思想之泉浸润着所有它流过的土壤;它又像江河的入海口,将限制中的州河生活,导入浩渺无际的历史时空。这是新生和腐朽的结合,是具象之境向抽象之境的高蹈。它穿透了全篇的生活现象和人物命运、人物关系,准确地感应和总结着一个既悲哀又壮烈,既荒谬又合理的时代。这个时代的特点功绩、幸与不幸、速朽与不朽,是如此历史的必然的出现在《浮躁》的整体性的审美观照之下,以致使作家以往的作品甚至包括同时代许多作家笔下的现实都不能不黯然失色。在我们所看到的关于改革现实的小说中,少有《浮躁》这样敢于以发展的眼光和勇气,以挽歌的形式唱出了真正的时代颂歌。"想你念你爱你恨你怨你怜你",这种五内俱焚般的哀悼和同情,决不只是一个人道主义者的慈悲与怜悯,而是由历史主义的估衡所萌生的情感和魄力。人道主义只有和历史主义结合起来才会如此坚实和博大。所以这里的同情和怜悯不会导致对犯罪行为的美化。如果因而出现了对消极行为的积极意义的发掘,那么得到美化的就不是个人,而是一个在否定和背弃中前进的时代。一个稳定的持续发展的历史新阶段往往在大动荡、大裂变中产生。"左右数万里,上下几千年,哪里有这样的农民?"正是从另一面昭示了雷大空行为的历史意义。"雷大空",如空谷雷声,旷野闪电,确有如"揭破旧生活的脓包,排除旧生活的俗例"的作用。

三

在平凹的小说、散文创作中,我们确实能感觉到一种浓重的民族审美意识同当代生活的结合。他笔下的人物命运线索的起承转合,让你想到中国的传统戏曲,他对自然的热爱和亲切迷人的感觉,也让人感到中国传统文化中的人本自然、天人合一、返璞归真的哲学情致。他艺术结构和艺术表现中那种重精神、重感情、重气韵的审美境界，常使我们看到同中国文人诗画的内在联系。纵观贾平凹早期和近期（特别是1984年以后）创作风格的变化，我们又能看出他在借鉴学习中国传统艺术方面选择重点的不同。如果说在早期作品中，他看重的是宋元明清诗画和小说中的自然意境、浪漫气质的话，那么到《商州初录》以后，他更痴迷于恢宏博大、古朴浑厚的秦汉之风。他认为："在整个民族振兴之时振兴民族文学，我是崇拜大汉之风而鄙视清末景泰蓝一类的玩意儿的。"《浮躁》的整体结构确类似于霍去病墓前的汉石刻《卧虎》《蟾蜍》，其中的生活本事就像取之于山野的一块自然之石，序言、祭文就像作家出之于心，从蹈大方所大笔勾勒出的线条，有了他们石头就如龙、似虎，获得了艺术的大气象、大生命。

"在这里所写到的商州，它已经不是地图上所标志的那一块行政区域划分的商州了，它是我虚构的商州，是我作为一个载体的商州，是我心中的商州。"序言一中的这段话和关于州河气象的描写，在《浮躁》的艺术结构中确有画龙点睛的整体意义。就像汉代艺术家在一块极不规则的片石一角打出几个象征咀眼的线条，它就不再是一块石头，而成了一个稳重有力的生命的蟾蜍一样，这篇序，也是混沌的州河世界的咀眼，有了它整个石头就有了生命，没有它，它只能是旁边游人不屑一顾的石头。如果没有序言，《浮躁》也是一篇小说，但它的气度规模将比现在小得多，如果把它放在作品后边，则就成了一段不能进入艺术结构的纯说明文字。人们谈《浮躁》必先经过这个象征意义的眼，而后边的生活都趋向于这个眼。这个眼是艺术家赋予的，它是艺术家自己的精神、观点，它又赋予全作以精神生命。

过去人们习惯于将爱家乡和爱祖国必然地联系在一起，而忽视了乡关、乡土之情既可以通向爱国主义，又可以通向狭隘的地域观点的反爱国主义。小说作品不能离开具体生活范围的文化传统、风俗习惯，但是作家的乡土之情之爱的大和小、偏狭与宽广在审美效果中又是有差别的。这是胸怀的差别，是精神视野的差别，他们的差别必然造成艺术境界、气象的差别。因此作家的乡土感情也要升华，作品中的地域文化也要有面向历史、时代的超越。在贾平凹的某些商州作品中确有升华、超越不够的问题。《浮躁》表现出作者一种新的文化自觉，这是今天的他对昨天的他的自觉，是在家乡在整个祖国中的地位的自觉，是在家乡的文化裂变与变迁中把握整个中国古老文化的裂变与变迁的自觉，它终于从根本上改变了《浮躁》的艺术面貌。《浮躁》中自然会有剪不断磨不掉的家乡之情和个人经历烙印，但他们却比作者以往作品中的乡恋乡爱更为扩大充实。一种对我们伟大祖国的爱和时代的激情，一种源于这种爱和激情的历史信念，形成作品的内在冲击力。

四

在贾平凹以往的作品中自有其写出了时代大厦的一雕梁一画栋，现实生活大树的一枝一叶，历史长河的一瓢一脉，社会心理的一角一面的意义，但还从未有像《浮躁》这样敞开胸怀，直面生活、拥抱时代，以一种恢宏的气度概括在发展中的广阔现实的作品。因此这对于他，创作决心的下定是一种痛苦的选择，在艺术表现上也从未如此几易其稿，煞费苦心。他有许多话要说，他有极深的意旨要表达，原有的表现方法、艺术经验显然不够用了，而对新方法之是否能为广大读者所接受、社会所容纳，他似乎又缺乏必胜的信心。可贵的是，贾平凹不想掩饰自己艺术把握上的这种惶惑之情并且真诚地将自己创作过程中的矛盾心理作为序言二推到作品的前面，极状自己构写这部长篇的无信心。真诚的东西，发自作家灵魂深处的东西，不论是以形象的形式还是以观念的形式出现在艺术作品中，总是能够被接受和理解的，正像虚假的东西，没有内在灵魂作依托的东西，不论是以什么形式出现都不能被接受、被理解一样，贾平凹的执拗和坦诚也收到了积极的审美效果。序言二不仅和序言一一样成为全作的有机构成之一，而且从另一面显示出《浮躁》在贾平凹全部创作中的意义。我们从中看到了一个具有对于时代对于读者双重责任感的作家，在祖国前途、人民命运和个人艺术前途、命运之间的痛苦的选择。

1980年以后的中国文学，在艺术自觉到自身，扩大着艺术的功能的同时，也出现了不能直面现实矛盾的偏颇，它从另一面又削弱着艺术的功能和力量。正如某些论者所指出的，这似乎已形成了一种以超脱为粉饰的怯懦的文化倾向。这种倾向也在贾平凹的心理上造成了一定程度的迷乱，他不自觉地向某些有偏颇的舆论认同了。在关于自己艺术前途和艺术生命力的选择上，他也以为自己以往的成功是在技巧的出新和形式的别致，而作为他成功因素的深层原因，他与人民、与现实、与时代的生命感应的一面，也被他自己忽略了，没有被推到创作意识的前台。然而中国的历史到了这样一个关键的时刻，由党的十一届三中全会所确定的改革政策的贯彻和实践，在胜利地推进了一段以后，又出现了十分复杂微妙的态势，构成中国改革阻力的原因比预想的要深刻复杂得多，中国的改革也比原来预想的要艰难得多。当然，稍有头脑的人都知道改革不会一帆风顺，在《腊月·正月》等作品中，贾平凹也描写了改革的阻力，但现在看来，那种以为极少数商品生产带头人只要在经济上强大起来，他的榜样的力量就会成为一面面飘扬的旗帜，人们都会奔着他来的描写，实在太轻松了。（这种理想主义的思维模式也保留在《浮躁》中）但是，而今的中国改革竟又到了另一个十字路口，改革的前途生命、中国的前途生命的重要和影响已经放不下一个艺术至上主义者的书桌。精心装扮起来的新田园诗的框架也已经装不下现实的苦恼和忧虑。"写《浮躁》，作者亦浮躁呀！"如果说以前的贾平凹的艺术是非自觉地感应着现实的脉搏，而现在他不得不睁大眼睛看现实，在迷惘中沉思，在沉思中求答案，全身心地回答生活和现实的挑战。然而他以往的创作心理错觉和艺术定势、又一下子适应不了这种纷至沓来的现实感觉和复杂心理，于是陷入一种似乎是舍"高"就"低"、舍雅就俗的矛盾和苦恼之中。他似乎认定这部作品在艺术上是低的，是一种倒退，所以他才一再申明"我再也不可能还要以这种框架来构写我的作品了"，他认为这种写实的办法，对自己"不那么适宜"，对自己是"一种束缚"，他反复谈到自己的审美理想、艺术追求，又自我宽慰地把写《浮躁》的受苦当作一次修性练笔的手段。这是何等真实的坦白！又是何等没有自信心的自我辩解！而这种明知挨骂也要写下去的创作冲动，却也使一个艺术家的执着与在心灵深处和人民的联系暴露无遗！

五

任何作家的作品给予人们的认识意义都是从两个方面产生的，一个是作品的对象世界，一个是与对象世界并存的作家的心灵世界。作家在发现美、创造美、创造人物，也在或显或隐地表现自己，给读者留下作家自己的完整形象。对一般读者来说，他们可能更注目于前者，但对后世的读者和研究者来说，作家笔下的形象和形象中的作者甚至一样重要，只有从作家、作品两个方面，人们才能找准他们在历史坐标中的位置。《浮躁》作为一部不可轻视的作品，它的意义也是双重的。它比贾平凹以往的作品更宏阔地反映了一个重要的历史时代，也比贾平凹以往的作品更突出更全面从而也更准确地表现了作家自己的思想和人格。

文学史上有这样的情况：一个作家在人们心目中的地位和形象是由一篇作品完成了的。文学史上也有这样的情况：一个作家写了大量的作品都不足以引起人们的注意，但一部作品出来，则使人们对他以往的作品刮目相看，并对这个作家有了全新的认识。《浮躁》的作者贾平凹则代表了另一种情况：以往他在人们心目中的形象是这样子的，但《浮躁》一出来，人们突然发现他原来是另一个样子的，人们不得不在自己心中重新塑造一个自以为很熟悉的作家的新形象。站在《浮躁》的基点上，我们就会发现在贾平凹的全部创作中，尽管留下了执着的艺术探索的痕迹，但是感应着人民和生活的呼唤，紧扣现实和时代的脉搏，同样是贾平凹创作的一条主线。不过他是以自己独特的感受方式和优美的文字抒写下时代的心律和人民的情绪的。作为一个作家，贾平凹终始都属于生他养他的土地和人民，他婉转多情的歌喉，永远倾吐着人民的欣慰和积郁、希望和忧伤。他在自己的第一本小说集《山地笔记》中就毫无讳饰地反复宣布"我是山里人"，"山养活了我，我也懂得了山"。他写的是山里曾经激动过他的人和事。在以后的日子里，他的影响越来越大，但这种山里人的认同从未变更。针对那些不关心人民生存状况、百姓疾苦的作品，他曾说："这世界的芸芸众生如蚂蚁一样多，为衣食住行忙碌着，争斗着，死去一批，新生一批，生命之力繁殖之强，世所罕见。作为他们的作家，首先应该是他们中的一个，同他们一样。他们的苦，苦在何处，是外界的，还是自身的？他们的乐，乐在哪里，是应该乐还是不应该乐？这就是我的责任，我的责任是为了他们，也是为了我们自己。"过去人们不是没有听见这些申明，而是对此漫不经心。研究者往往更乐于从他的话语里找与众不同的地方，这似乎是合理的，但对一个作家某一面强调过了头，也就歪曲了这个作家。其实，对普通人，甚至比普通人还卑微的、人们不屑一顾的生活畸零人的境遇、命运的关心，揭示他们心灵中的黑暗和光明，描写他们的情感和生活，不仅是贾平凹早期作品，也是直到《浮躁》的贾平凹的努力目标。只是随着个体心理的成熟，认识生活的深化和表现能力的增加，他的作品也经历着由人生意味到时代意味、由生存个体到个体生存着的广大社会的过渡和加强。由写山里的人和事到将山里的人和事与外面的大世界进行比较的扩大。

《浮躁》未必像读者曾经希望的那样，艺术地完满地无可挑剔地完成一个时代，但是它却让我们看到了一个必定属于自己时代的贾平凹。

1987 年 7—8 月

（原载《小说评论》1987 年第 6 期）

成功地解剖特定时代的民族心态

——贾平凹《浮躁》得失谈

董子竹

文学的对象是什么？文学的对象是特定历史环境中的社会生活中的人性建构运动。

人，作为一种"有意识的生命活动"，便是一个无限发展的人性建构运动过程。这个运动直接依赖于人的外部的一切社会实践，尤其是劳动生产活动。人性的建构运动总是和一定的文化环境中的生产力发展水平相适应的，这便造成人类的人性建构运动的时代性与地域性，使人类的人性建构呈现出千姿百态、杂沓却也规整的特点。每一个特定历史环境中的社会心理模态，便是这一特定历史环境中的特殊人性建构运动的具体形态。所以，也可以说文学的对象便是特定历史环境中的社会心理模态。

贾平凹的长篇新作《浮躁》企图打开的就是中国当代社会，尤其是农村社会中人的社会心理模态。在贾平凹的作品中，视野如此开阔，时空如此宽广，而且明确地把着墨点放在展现当代中国农村人的社会心理模态上，实在是绝无仅有的。就目前《浮躁》达到的水平看，其对当代中国人人性建构运动、社会心理模态的发掘，尚还欠些深度，大半是停留在表层情绪的曲折回旋上，对中国人数千年形成的文化—心理结构还未作到入骨三分的勘查。有些人物的表层情绪也捕捉得不太准确。但是，不管如何说，贾平凹已经跃上了新的一级。

一

中华民族是一个伟大的民族，数千年前便以勤劳的双手开辟这块广袤却也富饶的土地。然而也就是在这块土地上，展开了有自身特色的人性建构运动，创造了自己瑰丽而独特的文化。就是这样一种特殊的文化—心理结构，今日面临着东西方文化的全面裂变，面临着振兴中华的伟大历史使命，这个文化—心理结构会发生什么样的变化，人性的建构运动会有什么样的特色？这正是当代文学家普遍关心的问题，正是《浮躁》的基本着眼点。

《浮躁》中的生活面是相当开阔的。贾平凹之所以要设计金狗入城当记者，后又几次下县，就是想形成一个可网络万千气象的情节线索，上至省城的众生相，下至仙游川万事态。一个作家要透彻把握一定历史环境中的社会心理模态，首先必须要对社会生活进行整体把握。没有开阔的历史视野，也就无法捕捉到"社会心理模态"的总流向。

但是，一个作家的把握，并不是要使自己成为一个世俗人情掌故的专家，也不是要如政治家、经济家那样，在整体把握中寻找到某种具有规律性的概念。作家要捕捉的首先是普遍流溢于社会生活表层的一种社会性"情绪"。贾平凹之所以要给自己的这本书定名为《浮躁》，便是由于其通过当代生活的总体把握，寻找到一种具有普遍性的社会情绪——浮躁。

"浮躁"作为一种情绪，总应是具体的、历史的。对这个概念，贾平凹赋予了广阔的历史内涵。他认为当代社会情绪的这种"浮躁"感的具体内涵是"主体意识的高扬与低文明层次的不谐和"。这种心理矛盾，几乎在社会生活的各个方面都有所体现。任何"社会心理模态"都不是一种抽象，不仅有着实实在在的历史内容，而且在每一个个体人身上的表现都是极不相同的。作家、艺术家们所把握的正是这样一种个体化了的有着具体而丰富的历史内容的"时代心态"。

要体验到这种社会性情绪，作家必须是"个中人"，任何一个外来者，不管其多么敏锐，多么深刻，如果不是"个中人"，那是很难准确体验这种社会性的情绪。

但，作家的情绪要从整体社会情绪中分离出来，不分离便无法引起创作冲动，这其中还需要更多的超越。这种超越不能建筑在推理与幻想的基础上，而是需要作家对生活中已经出现的、尚还包容在旧事物中的新生事物，对这些活生生的生命体有所把握，有所感悟，看到新生的终究要代替陈旧的事物。

《浮躁》的结尾，金狗终于又返回到了仙游川，又办起了河运队，甚至购了小火轮。这无疑是作家的理想，这理想甚至和《浮躁》上卷对州河的描写相抵牾。一条季节性很强的河流怎能用火轮呢？但贾平凹不惜描写上的"失误"，偏偏要这样写。是的，在今日的中国，什么也没有比发展生产力，提高现代化水平更重要的了。踏踏实实地发展生产力，正是"浮躁"的反题，也是克服浮躁的唯一途径。

《浮躁》中对雷大空及类似雷大空的行为，甚至包括对石华等人的批判性描写，也说明作者是感悟到了一个崭新的历史高度，相信雷大空、石华的悲剧，包括金狗的悲剧都是中国改革大业中必然出现的暂时现象。作为一个具体的"浮躁"现象，艺术家应该有自己独特的然而也是合乎规律的判断。这在金狗给雷大空写的祭文中，已经明确看出了。

"可叹你急功近利，意气狭偏陷进泥潭。你是以身躯殉葬时代，以鲜血谱写经验。"

"泥沙俱下，州河泛滥而水大好行船，浮躁之气，巫岭弥漫而山高色壮观。"

的确如金狗所写，我们对这种"浮躁"之气，是"想你念你爱你恨你怨你怜你"。

文学艺术不是政治判决书，它是要站在一个更高更广阔的历史视野的制高点，看那污秽中的生命，血垢中的活力，他要为新生儿剥下衣胞，洗清污垢，甚至亲上去吮吸卡在喉咙中的残痰。

一个作家应该以宽阔胸怀去拥抱生活，以百倍的热情去观察眼前发生的人性建构运动，没有惆怅，没有绝望，没有无可奈何的哀鸣，不管在社会实践中、人性建构中会有多么严重的苦难，前途总是光明的。这正是一个东方文化所熏陶出的作家应有的坚定信念。

《浮躁》在结尾上，时序有些"混乱"。"州河在清静了几十年后"一句，可作多种解释，也许贾平凹正需这种"朦胧"。此结尾看似"实描"，实为"虚写"，这其中可以看到贾平凹踏实的超越感。他在此聚焦于小水身上，是颇见匠心的。小水，这个最富东方传统文化精神的女人，也是极富时代赋予的进取心的女人。聚焦于她，正好体现作者积极的人生态度和踏实的审美理想。蔡大安的"倒戈"，七老汉的"牢骚"，小水的梦幻中金狗选县长引起的惊恐，一直到"拜三老"那隽永而幽默的细节，都说明改革的形势越来越好。虽然，还会有蔡大安式的狡黠、七老汉的蒙昧，以至小水这样的人也不会完全抛弃东方式的神秘和怯懦。但是，州河里还是要发第二次大水的。那该漂去的小舟让它漂去吧，机动船来了！这里也包含东方精神的正面："情情不已、生生不息"，人生永远是乐观的！

二

任何一种社会心理模态——特定的历史环境中的人性结构运动，都是某种特定的文化—心理结构的历时态沉淀，在现实历史条件下（这个历史环境中现实的社会实践，及它在世界历史进步中的地位）的共时态展开，也是以个体化的特点展开，呈现出千姿百态、层层叠叠的现实的人性建构的复杂景观。作家正是面对这种复杂的景观反思。把这种共时态展开的心理景观，归总为历时态的建构运动。这需要充分调动作家可能具备的一切知识素质，对各种心理景观作出准确的历史判定，尤其需要历史唯物主义思想体系的指导，把各种"杂乱"的心理景观整合为既是共时态的网络系统，又能显现出其历史沉淀的轨迹。《浮躁》从总体上是完成了这个任务。《浮躁》从最偏远的仙游川写起，一直发展到接近省城。对中国这样一个处于社会主义初级阶段的国家来说，就可以较充分地在这样一个广阔的空间中，展现人性建构的历史轨迹。展现出处于中国传统的文化—心理结构不同层面的中国人，在改革的伟大事业中，其价值观念思维方式的运动特征。

小水、金狗的爱情悲剧，正是"浮躁"的社会情绪造成的悲剧。一种社会性情绪一旦形成，处于这个环境中的每一个人，如果缺少一种高屋建瓴的认识穿透力，即便个人品格再稳定，也很难脱离这种社会性情绪的纠扰。

就小水来说，可以说是一位典型的东方妇女，温柔、端庄、识大体、知大礼、多情，并且很有决断。用贾平凹的语言，她是一个"菩萨"。如果贾平凹仅仅塑造了这么一个个性，未见得便是一个成功的人物，最多不过是静态的展览了一下东方典型妇女的基本特征。《浮躁》把这个少女，投入了时代旋涡，她的爱情史映照出了丰富的当代社会心理模态矛盾运动的历史内容。

她深深爱着金狗。虽然她并不太自觉，但在下意识中，她和金狗强烈要改革的精神是完全合拍的。这个少女以最质朴的感情迎接这场伟大的改革，但她仍保留了传统妇女的特点，她没有想到自己去闯、去干，而是甘愿为金狗的改革行为当好贤内助。当金狗处于极度兴奋对她提出非分的要求时，她冷静地克制了自己，拒绝金狗。这里，一方面是说明了东方妇女美德的可贵，在她身上我们更感觉到了东方爱情的含蓄美、蕴藉美。但另一方面，我们不能不说这一具体行为中也包含了她对于套在自己灵魂深处的某种封建的东西，还没有强烈要求冲决的自觉。在现在这样的时代，在道德问题上人们恰恰处于这样两难之中，选择任何一条道路，都会使另一方面造成损失。这个问题只有在全民族的文明水平达到一定高度之后，才会不解决而解决了、无选择而具有更多层次的选择。在现在这样的两难选择中，小水选择前者应该说是对的，但从另一面讲也隐约造成了金狗的失望。这就为金狗与英英的野合打下了潜在的基础，因为这里我们看到金狗与小水的深刻的差异。传统文化—心理结构在小水身上具有相当的稳定性。在炽热的爱情的烤炙下都没有使她变形，金狗身上的浮躁之气就要严重得多了。

相应地，传统文化—心理结构在福运身上也是相对稳定的。这个诚实、勤劳、质朴、厚道的人，田中正之嫂那般引诱不仅未使这个青年男子动心，反而被吓跑了。但是，这种人正好缺少金狗身上那种剽悍冲决罗网的精神，有着更多的麻木、迟钝。从表面看来，他与小水结合是一种偶然，是小水在失恋之后悲伤至极产生的一种盲目冲动，是小水报复金狗，也报复自己的怯懦的结果。但从意识的深层来说，传统文化—心理结构在他们身上都是相对稳定的，所以他们是契合的。

这一对夫妻可以说是中国人传统文化—心理结构的标本。贾平凹不仅细致入微地表现出来了，并且生动地描绘出了这类人在改革大潮中的进步，他们虽不如金狗那样一往无前，但却决不后人。尤其是小水，她为什么在失恋后一直那样宽容金狗？这一方面是由于，在贾平凹笔下的这类妇女形象，总是表现为性爱与母爱的交织，对情人有着类似母亲一样的慈爱和宽容，更重要的是她理解金狗的事业，对改革大业倾心。

三

我们的国家目前尚处于社会主义初级阶段。从政治到经济各方面的体制、制度都没有完全摆顺，中华民族的文化—心理结构的建构运动便是在这样一个复杂的历史背景中展开的，所以，这种建构运动表现在每一个个体身上就会出现大量杂驳现象。《浮躁》在这方面作了大面积的展开。

从田有善、田中正到田一申、蔡大安等人的关系中，我们看到了那种"欺上瞒下、专横跋扈、徇私行贿、贪赃枉法"的人物的真实嘴脸；贾平凹又没有把这种人简单化、脸谱化。不仅开掘出了深刻的历史成因，还对其个性心理作了生动的描绘。例如田中正在陆翠翠死后那种心烦意乱的情绪，再如在金狗被抓以后，他的复杂心绪，都是很生动的。尤其是在金狗被抓之后，他虽然也掩饰不住心中的喜悦，但却隐隐感到一种更大的威胁在向自己压来。在田中正原来的看法中，总以为改革不过是令雷大空、金狗来夺其权力，雷、金一旦上来也不过是田中正第二。这正是以一种农民的狭隘意识来看这场改革。他只是在金狗被抓以后，才朦胧意识到改革的目的是要从根本上清除封建主义的余毒，这才是对他的真正的威胁。他并不太清楚金狗入狱的真相，但他的感触从本质上说是正确的。这正是整个时代的改革潮流对他的威压。封建主义的余毒已经面临灭顶之灾了！人的心灵是如此的微妙，也许田中正的这"灵犀一点"只是偶然，但背后隐藏着历史的必然。从这一个个体的心灵震颤里，我们窥见了时代的绿色，也见到了中国人的文化—心理结构的建构蠕动时的艰辛。

作为与田中正等人的对立面的，应是"考察人"的形象，可惜贾平凹只写出了他一番空泛的议论。关键是他对这种人太不熟悉。如果"考察人"形象也如其他人物那样丰满，并且同时和其他形象构成一定的人物关系，《浮躁》将比现在更加成功。因为"考察人"正代表了一大批在我国坚持马列主义、脚踏实地改革的人。这批人的存在，将成功地影响中国人在当代的人性建构运动，是组成完整的中国人在这个历史阶段中的社会心理模态的重要部分。中国传统文化—心理结构中的精华与现代意识的融合将由他们来完成。这一切，贾平凹是感悟到了的，但是缺少足够的感性体验，他不得不把这个形象处理得如此缥缈朦胧。

如果以社会地位区分，中华民族的人性建构运动还在另外一个层位上形成一个特殊的"抱合"，这便是以韩文举为一仪、以矮子画匠为一仪的一个"抱合圆"。这个层位上当然不止这两个人，像七老汉、山间的猎人、州河里的其他船工，以及其他许多在书中并未列出姓名的人物。

如果说在田中正那个层位上存在着严重的封建家长制余毒的话，在矮子画匠、韩文举这个层位上，便必然还残存着"不争""不怒"的奴性意识。不然封建家长制余毒就不能有存在的基础。在《浮躁》中，矮子画匠正是残存的封建奴性意识的典型。他这个人窝囊、怯懦、迷信、拘谨、喜欢高攀权贵，但本质上是善良的，当改革的潮流真正来到他眼前时，他是可以接受容纳的。韩文举就和矮子画匠有较大的区别了,韩文举虽然也同样地怯懦、迷信,但是绝不主动去高攀权贵,他不仅不是改革的被动旁观者,而且还可以成为积极的参与者。在人生意识上较之矮子画匠洒脱、开放得多。他关心国家大事,但只能是站在一旁品头论足的无原则发牢骚;他可以支持金狗们的行为,但又爱无端挑剔,尤其不能理解这代青年人的苦衷;他对田中正满腹牢骚,但又忘不了讨好……韩文举个性上的丰富的矛盾,正是这个层位上的人的意识开始蜕变,却又蜕变不完全的表现。新中国成立数十年后,虽然在我国社会还存在着封建意识的残余,但是毕竟人民有了自己应有的政治地位,只要不是如矮子画匠那样奴性入骨、自我压抑,个性上都会出现韩文举式的矛盾。虽然只是停留在"发牢骚"的水平上,但毕竟是显示出了主人的姿态,起码不会处处卑躬屈膝了。这位以酒为友、以月为伴的老人,同样有着强烈的主人翁愿望,虽然没有付诸实践,但毕竟是有愿望需求的。作为一个过渡,他应该是金狗、雷大空们的前身。与他结成忘年之交的金狗,最后能如此这般地投入到改革的洪流中,正是韩文举一类人为他打下了思想基础。

表面看来,金狗的个性和作为,正是其父矮子画匠的一个反题。如果说矮子画匠是卑躬屈辱的典型,那金狗就是过分阳亢的代表。在人类社会中,父子个性常常出现这样的逆向反差,呈跳跃性变化。但如果没有韩文举这类人作为其中间环节,金狗的个性也很难实现如今这样的跨越。

金狗、雷大空还是从韩文举、矮子画匠这个层位上发出改革要求的,他们的行为具备一定程度的盲目性、荒唐性,便是势不可免的事了。因为他们的思想基础,较之"考察人"那种自觉运用马克思主义为指南而产生的改革愿望,显得太脆弱了。

四

自从党的十一届三中全会以来,全国掀起一个声势浩大的改革热潮。这场社会主义制度本身的"自我调节"运动,牵动了亿万人的心,是中华民族人性建构运动跨过低谷区,跃上新的级层的一个开端和动力。人们在改革中实现自身与封建意识、资本主义意识彻底决裂的建构,从而使民族意识的进步,全面跟上人类文化大裂变的步伐,同时为这场世界性的文化大裂变贡献力量。

从大方向上讲,党的改革方针是与全民族愿望一致的,近十年的历史证明了这一点。但是，文学的任务不是去直接写政策、解释政策，文学的任务是要全面反映这场伟大变革中的中国人的人性建构运动、在这个特定历史环境中中国人社会心理模态存在的方式。再者，广大人民与党的政策的一致性，表现为有差异的一致性。每个民族成员总是在自己生存的层位上，以自己特殊的意识欢迎这场伟大的改革，不可能每一个人都与党的意图一模一样。而文学正是以这种充分个体化了的社会心理模态为对象。这样，文学呈现出来的美学图画，就不可能与理论家勾画出的社会图景完全一致。

金狗、雷大空正是从自己生存的那个社会层位上主动生发出改革的愿望的。他们站在自己的层位上与党的改革号召遥相呼应。他们是带着本层位应有的也是鲜活的整体生命，包括缺陷和污垢，跃入改革洪流中的弄潮儿。也就是说，他们是带着充沛的高扬的主体精神，同时也带着极低的文明水平、背负着农民意识的重负，到洪流中弄潮的。

不同的经历造成了金狗与雷大空的差异，金狗参过军、有文化，更多地从政治角度着眼；雷大空则是流浪儿，大字不识的卖耗子药的，所以他追求的东西更"实惠"一些。同一层位生长出的这对双胞胎裂变为一组"抱合圆"，有对立也有统一，各自有着各自不同的悲剧。

金狗这个形象的前一半是很生动的，尤其是他和小水、英英之间的感情纠葛，蕴含了深刻的历史内容，很耐人寻味。金狗的经历不单是一个改革者的艰苦历程，也是他的人性痛苦裂变的历程。《浮躁》在前半部塑造金狗形象之所以比较成功，就在于贾平凹主要聚焦于后者——人性的痛苦裂变。

金狗懂事之后，展现在他面前的第一幅人生图画便是"文革"。一幅荒唐且滑稽的漫画，但对幼稚的金狗来说，这未必是一幅漫画，也许正是人生的正常图景，因为他心目中并不存在另一幅图景可与之对比。唯一可对比的只是父亲的窝囊和怯懦。对毫无知识的农村儿童来说，前者无疑有更大的吸引力。世界还应该有另一种"活法"，不单是父亲活过的那一种。这恐怕正是金狗人生意识中的第一个非同凡响却也是十分蒙昧的冲动。金狗青春期的这种欲望，如果金狗本人具有较高的文明素养，如果我们给千里马提供了大量可供选择的用武之地，如果农村经济发展没有那几次重大的失误，金狗的青春冲动是否会更正常一些呢？可惜，金狗是20世纪70年代末的年轻人，他是背负着前一段历史的重负投身到改革的洪流中的。他再也不会像韩文举、矮子画匠那样，把命运寄托给天、给地、给神灵、给官僚,他要把命运牢牢掌握在自己的手中。但是,这里我们又似乎嗅到了"文革造反派"的那股遗风,印章——权力;这里我们似乎又嗅到了《红与黑》中于连式的心声,奋斗——不择手段。一切该潜藏在其中的都潜藏在其中了,于是才有对英英的兽性发作、对小水的遗弃、对石华的放荡。在人生路上的每一次失误,都曾引起他强烈的懊悔,但又并不能完全阻止下一次的失误。

金狗能够懊悔,金狗没有走上雷大空的道路,成因也很复杂,有中国人传统的伦理观念作为支撑,他每次失误之后,都不会有于连式的轻松;作为一个农民的儿子,他的浮躁最终没有完全扭曲他的灵魂。但是,更重要的,也是金狗与于连根本不同的地方,在于他已经自觉地在自己的肩上压上了社会改革的重担。他貌似个人奋斗的经历中渗透了"振兴中华"的民族理想。同样是记者,金狗以"干预生活"为己任。人性的建构运动是文学家的主要着眼点,但是人性的任何一次建构都脱离不了个体与群体相统一的社会人的社会性实践。社会性实践沉淀内化为人性的建构运动,构成个体人行为的动机;反回来,千百万人的行为又构成一种社会性实践,再一次促成人性新的建构运动。把"社会存在决定社会意识"的命题,简单化为个体人的社会地位决定个体人的意识,或者是使个体人的意识运动完全独立于群体的社会实践,都是不可取的。在人性建构运动中,个体与群体对立统一,社会实践与社会意识对立统一,应该是值得我们重视的方法论问题。

金狗在他后来的斗争中之所以一再受挫,一方面是由于政治体制改革还没有提到议事日程上来,另外一方面也是由于他太相信个人的力量。《浮躁》的现实意义就在于,描写了一个倔强、聪明、有社会责任感的青年,由于过分强调个人在改革中的作用,以为只要类似他这样的"好人"有了权力,事情便会一好百好,这正好是一种"幼稚"。幼稚者不觉是幼稚,反以为在进行一场"悲壮"的斗争,这就不能不是一种浅薄的浮躁。金狗的悲剧的真正所在:他的行为是合历史发展要求的,但是其具体做法并没有完全跳出"文革"式的思维方式。"政治斗争"成了社会实践的唯一内容,"斗",是唯一方法。在我国当代,人们都厌恶"左"的东西,但作为一种历史沉淀,"左"的思维方式、价值系统,都会不自觉地起作用,出现以"左"反"左"的怪现象,这就必然产生悲剧结局。贾平凹之所以把自己的三十多万字的长篇,定名为《浮躁》,其深意怕正在于此。

这一切在《浮躁》中应该说是都表现出来了，但是后半部，太多地拘泥于事件的交代，没有前半部那样集中组织几次金狗灵魂的大冲突、大波澜，文字也嫌涩滞，也就缺乏足够的感染力。金狗的形象也有干瘪之嫌。

相对地说，雷大空便是一个堪称典型的生动形象了。如果说金狗的思想较之他生发的那个社会层位中的矮子画匠、韩文举等人有所升华，而雷大空则是带着这个层位人的全部丰富性、复杂性、矛盾性，全部缺陷和不足进入改革中来的。他几乎完全不明白什么叫社会责任感，他是从自己本身最狭隘的利益出发，投入"改革"的。不管他自己愿意不愿意，在朦胧中他的追求，只不过是使自己成为第二个田中正。当他一旦伸开腰他也和田中正一样的堕落、一样的营私舞弊、一样的挥霍无度。流氓无产者那种"江山轮流坐，今日该老子快活了"的意识深进了他的骨髓。"改革"对他，不过是一次改变个人命运的冲动。说得刻薄一点，如果说金狗的悲剧在于他还没有从"文革"式的思维方式中脱胎出来的话；雷大空的悲剧则是在于他未从旧时代农村流氓无产者的"匪气"中脱离出来。在他们各自的意识中不同的内涵，正好是中国近百年史上两个不同的历史阶段中常见的东西的沉淀。

进入20世纪80年代，中国将要完成作为初级阶段的社会主义制度的最基本的体制建设，这是为"振兴中华"奠定基石的一步，它得到了广大人民的普遍拥护。但是，"拥护"并不等于所有的人在思维方式、价值系统等深层意识上完全摆脱历史的沉淀，跟上时代的发展，历史遗留下的幽灵总会以各种方式缠绕着人们，与人们在显意识层面上的愿望冲突、抵牾、渗透交融……在80年代中叶，中国社会到处弥漫着一种"浮躁"的社会情绪，便是这样形成的。

雷大空的一系列行为应该说是"浮躁"的社会情绪的典型代表。贾平凹在这里没有把雷大空当作一个抽象的反面典型处理，而是充分强调他的存在的历史合理性，把他当作一种中国人人性建构运动中必然要经历的一个过程、一个阶段的象征。

我们的民族经历了十年的"文化大革命"后，突然冷静下来，出现一段时期的心理失重，心态紊乱，应是理所当然的事。但这个时期的时间不会太长，雷大空终于"浮丘"了，金狗的祭文，虽是半文半白，文理不算通畅，但却是生动地概括了这种"浮躁"心态的历史功过与具体运动状态。到了这里，贾平凹敏锐地为"浮躁"画了一个句号。

"抬头望天边，万山若黛，州河似带，夕阳也一半在水中将浮将坠，红如血染一般。"

贾平凹坚信，民族已经顺利地渡过了这个心理紊乱期，这一时期给人们留下的，有血的教训有泪的殷鉴，一个民族心理成熟过程的艰辛却也悲壮的回味。

一个经历了几千年封建社会的农业大国，一个有着百年屈辱史的落后大国，要实现向社会主义现代化的转变，不仅需要我们付出革命斗争的鲜血、劳动生产的热汗，同时需要经历一场充满悲壮、痛苦、艰辛、曲折的心灵的裂变。《浮躁》只是捕捉了从狂躁期到稳定期中间的一个过渡阶段，即心理失重期。这一时期的"浮躁"的社会情绪，到底该如何评价，人人都会有自己的判断。贾平凹当然也有自己的判断，但他未必想强加于人，然而他所描绘的民族心理模态在"失重期"的景观，无论如何是值得人们仔细品味的。

（原载《小说评论》1987 年第 6 期）

谈《浮躁》

费秉勋

《浮躁》是贾平凹创作历程中的一部重要作品。说它重要，有以下几点理由。

一、这是他创作的一个大综合。十几年来贾平凹写了大量的短篇、中篇，在每一篇中，他都进行着思想艺术的探索和追求。对人生对社会有那么多的感悟，那么多行之有效的新构表现，形成了人们可以感受到的风采和艺术个性。这一切虽然不难从他那些中短篇中追寻出连续性和变化轨迹，但呈现在单篇作品中却未免是分散的、点式的。贾平凹需要大综合。一经综合，五个手指就握成了拳头；一经综合，他的创作就有可能发生某些质变性的进展。《古堡》有意无意在做这种综合，而且取得了一定的收获。然而《古堡》的综合显露着圭角，未能形成浑厚、自然、圆活的一股大气而为更多的读者所感觉和接受。现在，《浮躁》又来了一次大综合，这次综合则庶几近之。

在艺术劳动中动机与效果乖离的情况是常有的。贾平凹创作中的大综合也出现这种情况，写《古堡》在一定程度上为综合意识所驱遣，但不很成功；在《浮躁》创作中，作家的这种意识并不明确和强烈，但从总效果上看，这一综合是成功的。

1985年，贾平凹发表了十部中篇。1986年，他要搞一部长篇。在生活和素材积累方面，他已具备了这个条件，而在写法上他并未找到明确的新路子，要写，只能大体上采用人们习见的写法，这对注重独创的贾平凹来说是不大甘心的，甚至是痛苦的。这时候，加上作家出版社来抓这部书，他就更没有余裕来进行艺术上的试验了，只能以写实之笔推进下去。在序中贾平凹说他写得很苦，其实他之所谓苦，并非情节推进上的左支右绌，而主要指写作中未能时时领略那种以主观追求为依凭的艺术宣泄的创造快感。他住在户县改这部书的一个多月里，时不时逛大街，整夜整夜看电视录像，一盘一盘下象棋，并没有苦到挤牙膏似的绞尽脑汁爬格子。这种严格写实的格局，在极大程度上遏抑着他的艺术能动力，也影响了他艺术大综合的主动追求。

说这部书是贾平凹以往创作的大综合，主要指它能把作家多年来练出的功夫自然浑一地体现于其中，使这部作品比作者此前的任一部作品都恢宏广博，生活容量大，内蕴也比过去的任一部作品深刻丰富。这部作品体现着作家多年来的探索和追求。这种多年的探索和追求绝不是纯文学的，不是只在文字上、艺术上做功夫，否则贾平凹就不会成为贾平凹，不会使人们对他倾注恁大的兴趣。他的这种探索和追求包括对生活的收纳，对历史反思，对宇宙、人生、社会的哲理性、文化性探求。在这些方面他极其敏感和好动，主体腾发着热力。在写《浮躁》时，由于各种复杂因素促成他不能不用严格写实的方法，这种对他来说带有极大被动性的创作方法，使他没有着意贯彻他的这些探索和追求，因为这些探索和追求得是伴随着相应的创作方法在艺术创造劳动的愉悦情状下实现的。然而尽管如此，却由于上述探索和追求的勤勉和执着，使得作家这些探索和追求进入潜意识，从而在艺术劳动过程中不知不觉在起作用，即使不是有意识地贯彻，却还是化入作品的血脉神经中去，使作品形成自然浑茫的大综合。

二、这部作品在革新创作方法方面取得一定的成绩。在创作方法这个争论已久的理论问题上，给人们以启发。

新中国成立以来，一些有影响的现实主义长篇如《红旗谱》《创业史》等所取得的成就和文学震撼力，至今似还没有作品可以超过。对于《浮躁》，目前作与这些作品的比较性评估，还为时过早，也难以为人们所接受，但在某些局部作一些比较当然是可以的。

据说去年冬天在北京召开的《浮躁》讨论会上，理论界从这部作品的讨论引发出一个文学发展态势方面的理论观点，叫作现实主义的高层次回归。所谓现实主义的高层次回归，不但意味着《浮躁》是完全的现实主义作品，更主要的还在暗示现实主义是唯一正确的创作方法。几年来作家们离开现实主义瞎闯一通，走了不少的弯路，终于走不通，于是浪子回头，向现实主义"回归"了！你看，贾平凹就是明证：《浮躁》的成就超过了贾平凹以前的那些作品，而以前的作品常常是非现实主义的，这不但说明现实主义是作家最后的抉择，也说明只有回到这条正路上来才前途光明！

如果允许言论自由，我要旗帜鲜明地表示我对现实主义高层次回归说的反对。在我看来，现实主义独尊是要不得的，独尊了几十年，不但未能发展中国文学，最后是现实主义异化为反现实主义。这种情况，以"四人帮"跋扈时为甚。"四人帮"倒后，理论界提出恢复现实主义传统，这用意是真诚的，但所开的药方是错的，犹如营养不良还不让多方摄取养分而主张偏食。试想，从来有谁说过不要现实主义，一直是现实主义喊得震天响。现实主义不是在遭反对中丧失殆尽的，恰恰是在一味独尊中异化掉的。现在，企图继续沿着独尊的路子一味走下去，能有好结果吗？再说，是不是只有现实主义才是正确的创作方法？事实证明，不是。理论界翻新过不少观点，而在创作方法方面，理论界处于领导地位的一些要人，却始终如一地坚持现实主义独尊。他们总是不大愿意正视我们的文学现状，对于作家们离弃现实主义取得的文学成就，他们总是用莫须有的"发展"论这个法宝给予解释。明明不是现实主义，却还要说，这是现实主义——发展了的现实主义；如果作品出了纰漏，就说这是违背现实主义的结果。其实作家的成功与失败是有着多方面的主客观因素的，创作方法对作品的成败并不起决定作用，任何创作方法都存在成或败两种可能。具体说到贾平凹，他以往的诸中短篇的创作，现实主义和非现实主义的创作方法都用过，《浮躁》虽基本属现实主义，但《浮躁》既是承袭他以往创作探索的大综合，不是对以往创作的反动，就不能以《浮躁》的成功否定以前的创作，说明以前非现实主义创作的功不可没。事实上他以前的许多非现实主义的中短篇都有着公论，得到文学界的好评。

现在说到《浮躁》本身。从表层看，《浮躁》是严格写实的，艺术上主体的气质不再时时跳出来显露头角；但作品的深层，却隐化着人生的、哲学的内蕴，甚至给人某种神秘感。这种内蕴是通过客观描写对象蒸散的，它实质上物化了作家接触世界（自然、人事）过程中的类似禅意的感受。作品的这层内蕴增强了自身的厚度和层深感，也强化了自身的审美品格。在这一点上，《浮躁》和《红旗谱》《创业史》不同。我也认为从总体上看《浮躁》是现实主义的，但它已逸出了人们心目中那种现实主义的阈限。它不是向现实主义回归，而是对现实主义的偏离。如果说"回归"，它不是向人们心目中那种现实主义的回归，而是向《红楼梦》那种现实主义的回归。《红楼梦》的创作方法，现实主义占着主要成分，但它还有在中国古代文学艺术中普遍存在而我们在理论上还未给予总结的"意象主义"等，所以现实主义并不能涵盖《红楼梦》的全部。说《浮躁》是发展了的现实主义也罢，说它包含着现实主义以外的创作方法的特征也罢，都说明《浮躁》没有固守前辈作家开垦的那块现实主义地盘，而不断进行着作家自己新的垦殖。这为文学创作方法的发展和理论研讨，提供了可贵的实践依据。

三、贾平凹在以前的作品（无论是短篇还是中篇）的创作中，大都有一个主要的生活原型，作为构创人物和故事的依据，《浮躁》则突破了这一做法，没有这样的制约全篇构架的生活原型。结果怎么样呢？不但未影响作品的构思，未降低作品呈现给读者的生活真实感和生活具体感，而且使艺术构思扔掉了一个枷锁，在以艺术表现生活时取得了更大的自由。这是作家功力有一个台阶性的提高标志，对于作家走向更高层次有着不可估量的意义。

四、从人物形象的艺术涵盖力看，《浮躁》较之以前的作品也有前进。以前作品中的一些人物尽管也是复杂的，他们在与时代碰击之后，内部气质、性格呈现了具体生动的变化形态，如门门、才才、禾禾等，都带有历史、文化、地域、现实等因素所造成的形象的复杂性；但这些人物与《浮躁》中的金狗、雷大空比较起来，却不免显出了单一性。就是说门门等人物的复杂，是一种带单一倾向的复杂；金狗、雷大空的复杂则是一种大结构的复杂，性格结构分子式大排列上的复杂。因为这些是有大筋大骨的复杂，所以这种复杂从其形象审美结构的浑厚有力和对时代精神的涵盖意义上看，可以说是统一和立体化的。

贾平凹以前在同一作品中写人时，常常以对比的手段设置人物，如满儿与月儿、才才与门门、回回与禾禾等等都是如此。这既然是以人物的主要性格倾向与对方进行对立比照，双方自然都存在着一定程度的单一性。《浮躁》的主要人物便克服了这种单一性而变得更为复杂。这不是一种温温吞吞的复杂，不是把许多莫名其妙的各色粉末羼到一起所取得的那种灰色的复杂性，而是一种有骨力的、明朗的、内在运动幅度很大的复杂，这样的人物主要指金狗和雷大空。

以上说的是《浮躁》在贾平凹创作历程中的重要意义，只是依据直觉写下的一个提纲，还未来得及展开，所以甚觉遗憾。

最后，我还想说一下我对《浮躁》在内容和写法上的另一点感觉，就是它具有浓厚的谴责色彩。这里"谴责"一词是与鲁迅称之为晚清谴责小说所具备的特征联系起来而使用的。书中的许多情节如上卷第九节所写的河运队选举、第十四节所写的金狗与书记坐小车下乡见闻等，谴责色彩都极浓。让线索性人物在生活中游走经见，通过他的视觉展现社会和政治生活中的丑恶，这其实是一种世界性的文学角度,俄国的果戈理就是这方面的大师,涅克拉索夫的长诗《在俄罗斯谁能快乐而自由》用的也是这样的角度。《浮躁》让金狗由下而上再由上而下翻几个跟斗,接触了各层权势场中的内幕,目睹了他们的鬼八卦,就实现了文学谴责的使命。这种谴责当然是中国式的,带着民族特有的幽默和愤懑。从这种文学谴责中贾平凹强化了作品善恶判断和伦理化倾向,使以前创作中那种超然的、对善恶无意褒贬的态度大大减弱了,而作品的批判精神和思想力量却相应增强了。

(原载《新疆石油教育学院学报》1988年第1期)

《浮躁》的联想

陈骏涛

去年，陕西作家贾平凹发表了一部长篇新著——《浮躁》，于是，评家四起，都异口同声地称道这《浮躁》是我们时代情绪的一种准确把握。据贾平凹自述，这部长篇先前曾以"州河"命名，后来才易名"浮躁"的。我想，倘若以"州河"命名，则极易混同于贾平凹的"商州系列"小说，而难以显出此著的特色。因此，一部作品的命名确实也并非区区小事。对《浮躁》的解析，评家不尽一致。贾平凹曾自云："这么些年来我们的国家浮躁着，我们的社会浮躁着，由国家、社会的浮躁引得我们每一个人都不安、都浮躁。浮躁虽不是成熟的表现，但浮躁是萌动，是成长，是生命的力量。"我以为，贾平凹的见解是确切的。据我粗浅的理解，"浮躁"与躁动不安、骚动不宁是同义语，它虽然是不成熟的心态，但却也是人们要求变革、要求前进、左冲右突、寻觅探索的一种心态。有"浮躁"，说明我们的民族是有活力、有生机、有希望的，并非一潭死水、死气沉沉；但倘若止于"浮躁"，那我们的民族就难得成熟，就难得与世界各民族比肩并进，因而我们还要超越"浮躁"。这样看来，贾平凹的概括，具有一种形而上的意义，它不但符合他所描写的对象——商州农民，而且超越了对象，带有一种普泛性和代表性。当然，这只是对我们时代情绪的一种准确把握，而并非唯一的把握，因为还可以有其他的把握，例如"蜕变""裂变"之类。

文学——在某种意义上说——是一个时代、一个民族的"心"史。丹麦的大文学家勃兰克斯好像说过类似的话。文学不是时代和民族的历史事件的记录——这方面的工作可以让历史学家去做；文学也无需去直接描述政治变革或企图解决社会问题——这是政治学家和社会学家的事；文学也不等同于民俗学，不应该仅仅是以展示民情习俗、奇风异俗为己任——这些工作早已有民俗学家在做……文学主要是表现人的心灵的，并且透过人的心灵，窥见大千世界的林林总总；它对历史事件的描绘，它对政治变革和社会问题解决的渴望，它对民风民俗的展现……都应该围绕着表现、刻画人的心灵这一轴心。人的心灵丰富无比,在这里可以表现出绚丽多姿的人间世界。我们的有些文学作品之所以显得苍白,除了别的原因之外,一个很重要的原因就是离开了表现人的心灵这一轴心。

贾平凹的《浮躁》没有偏离这个轴心。他循着当代农民心理情绪变化这个轨迹,表现了当今农村的深刻变革。他用的还是传统的讲故事的方法,在整个社会变革的大背景下来写农民的精神裂变、情绪特征。他所表现的不是一种狭隘的主观情绪天地,而是广阔的时代情绪空间。贾平凹此著固然有其不足,如哲学意识较弱,领导层人物远不如普通农民尤其是青年农民写得生动,等等,但亦有其优长之处。

别林斯基曾说过这样的话:"任何伟大的诗人之所以伟大,是因为他的痛苦和欢乐深深植根于社会和历史的土壤里,他才能成为社会、时代和人类的感官和代表。"这样的话我想是不会过时的。贾平凹说这些年来他的作品愈来愈加重了现实生活的成分,甚至使他感到吃惊。我想,这也许正是贾平凹这样的作家离不开这块生生不已的躁动土壤的缘故,他的痛苦和欢乐深深植根于这块土壤的缘故。这样的作家是有希望成为"社会、时代和人类的感官和代表"的。

(原载《瞭望》1988年第13期)

《浮躁》疵议

邢小利

关于贾平凹的长篇小说《浮躁》,已有好些评论对其思想与艺术上的新拓展作了肯定和创造性阐释,其中有不少观点我是赞同的。这里,我想从另外一个角度谈谈我读了《浮躁》之后的一些想法。

长篇小说的一个重要特性,就在于它对生活的把握是一种整体性的把握。贾平凹的《浮躁》就力图对新时期这一段历史和时代心态进行整体性把握。

宏阔的眼光和哲学意识,是贾平凹近几年来的一种自觉追求。1984年6月,他在给《腊月·正月》写后记时,对"写农村而注目于一村一镇,写农民而混同于农民"从而陷于"就事论事的桎梏里"已有了清醒的认识,而力图超越题材,超越对象,以一种宏阔的眼光来看待社会生活,找到参透人生、参透社会的制高点。在《浮躁》序言之一中,作家说商州是"虚构"的,是"一个载体",这也就是说,作家着眼的并不是一时一地,而是试图从总体上来把握我们这个时代。作家是以"浮躁"来概括我们这个时代和人的心态的。

一方面作品以主人公金狗的生活沉浮和追求展现商州州河上下社会生活的图景和众生相,具体地揭示了变革时代人的浮躁心态;另一方面,作家又通过两只眼睛、两个视点、两个制高点,来审视、评判这个变革的时代和人的心理。这两只眼睛,一只是不静岗的和尚,一只是那个来无踪去无影的考察人。两人皆无名无姓,实际上和尚可看作是中国传统文化中对世界人生的直觉观照精神,考察人可看作现代理性精神,一出世,一入世。在和尚看来,"世上之事本是一切皆空,各自养性念佛,都能成果,何必心强气盛争争斗斗?"在考察人,则要考察、分析、研究、认识这个社会、这个时代和人。在这里,"儒禅互补",传统思想与现代意识交叉。

从这里,我们也可看到静虚子贾生平凹意识深处出世入世思想的表露。当然,这里的"出世",并非出家或消极地逃避人生,而是一种对尘世烦扰、人世纷争聊以解忧的心理上的超脱,在这里,或禅或道,都无不可,它实质上是一种超脱物外、追求内心清静的思想的流露。这种既出世又入世、既入世又出世的人生态度看似矛盾实际上是统一的,它本来就是中国文人的传统处世哲学,即便像白居易那样关心现实的诗人,也有出世思想,早年"三十气太壮,胸中多是非",晚年则力求做到"面上灭除忧喜色,胸中消尽是非心",像苏轼那样关心政治的人,也热衷佛、道,追求超然物外的人格。与入世出世思想相一致,贾平凹创作中也有两种面貌、两种风格,一是"采菊东篱下,悠然见南山"式的悠闲淡远,一是"刑天舞干戚,猛志固常在"式的"金刚怒目",既有空灵超脱的,更有贴近现实的。

不静岗和尚以禅宗"空"的眼光看社会人生,除了提供一个文化参照系外,其现实意义是不大的。值得重视的倒是另一只眼——考察人。考察人在那个夜晚对中国历史与现状高屋建瓴式的纵横论说,特别是关于浮躁这种时代心态的概括与分析,反映了作家把握现实生活和社会心理、进行创作的一个视点和角度,既起着点明作品题旨的作用,同时似乎也是作家试图对现实人生、对他描写的对象进行理性考察、分析的理论说明。

应该说,作家在作品中安插一个考察人、一个和尚,用两只眼睛从不同方位来看我们这个时代,让考察人宣讲他考察得来的高明见解,让和尚不时讲一些高深玄妙的禅话禅理,跳出人物故事的流程俯瞰人间现实,描述中穿插一些议论和哲理,"熟"中夹一点"生",造成一种阅读、审美中的间离效果。构想是不错的。但是,考察人突如其来而后又无影无踪显得过于生硬,从一个僻远山乡的和尚口中说出那么高深玄妙的机锋、禅理又显得勉强、外在。《红楼梦》首尾皆出现一僧一道,其间又有癞头和尚说谶诗,跛足道人口念《好了歌》,甄士隐说《好了歌注》,皆是对世界人生的诗化的哲理和议论。但这种哲理和议论,以"歌"的形式出现,浅显自然,又出自僧道之口,僧道在《红楼梦》中时隐时现,贯穿始终,这不仅是作品的一种结构,同时与作品亦实亦虚的写法融合无间。在这里,僧道等人物的安排及其所发的议论、所讲的哲理,也是跳出具体的生活流程的,但却与整部作品有内在的联系,是有机统一在一起的。《浮躁》在处理和尚、考察人跟小说具体情节的关系上,不仅过于"隔"而生硬,更重要的,是两个制高点的俯瞰与作品的实际描写在思想实质上产生了不协调,甚至冲突。

居于佛门看尘世自然事事处处格格不入，人世间芸芸众生的奔忙劳碌、喜怒哀乐自然要跟一切皆空的大彻大悟相抵牾，这姑且不论。我们看考察人的理论。作家用"浮躁"来概括我们这个时代与人的心态，那么，什么是浮躁？浮躁这种时代的心态是怎样形成的？考察人这一番关于中国历史与现状以及关于今天的社会心理的分析可作注脚："中国历史上长期是封闭式的封建主义国家，解放以来虽然是社会主义性质，但封建主义沉淀的东西太深太厚，现在一经脱离这种封闭状态，经受商品经济的刺激而获得活力，这就像浪潮一样，一下子冲开传统生活的堤岸，向新的天地奔腾而去。在变革，人的主体意识大大觉醒了。一些人认识到了自己的存在和价值，而同时他自身的素质太差，这就容易使他把方向搞错，把路子走歪。"在经历了一场大动乱之后，睁眼看世界，自己又远远地被甩在后边，心灵的觉醒就转化成心理的失重，虚妄的自尊逆转为沉重的自卑，因此狂躁不安，一切都不信任，一切都怀疑，甚至丧失公德，不要法纪，无目的无对象地恨、憎、报复，人人都要顽强地表现自己的主体意识，强调自我的存在，觉得怎么也不合适，怎么也不舒服，虚妄的理想主义一变而成为最近视的实用主义。这就是浮躁，这就是今天这个特定历史环境中的普遍意识，或曰时代心态。

那么如何医治这种病态情绪呢？考察人开了一个药方："要发扬我们这个民族最可贵的一种品质，就是韧性的精神！"

且不说这一番宏论里的逻辑混乱，比如既然说浮躁是时代的普遍意识，却又说是"一些人"如何如何。从理论上说，我看至少有两点需要商榷：一是没有准确理解"主体意识"这个概念，强调所谓"人的主体意识的高扬和低文明层次的不谐和"造成浮躁这种时代心态；二是过分强调文化、素质之类原因对人的影响，忽视社会的政治经济原因对人的根本决定作用，似乎人的文化素质提高了，比如说有了"韧性"这种精神，就可以药到病除，社会也就顺利发展了。

考察人一方面把群众看成群氓（素质太差、文明层次低），另一方面却说什么"人人都要顽强地表现自己的主体意识""主体意识的高扬"。什么是主体意识？一般来说，主体是相对于客体来说的，主体指人或认识者，客体指同主体相对立的客观世界。李泽厚认为主体性即人性，他说："如果就人与自然、与对象世界的动态区别而言，人性便是主体性。"人（包括群体的人和个体的人）是主体，但主体意识这个概念并不等同于人的意识，人人都有意识，但未必人人都有主体意识。我国文化界、文学界目前提主体性或主体意识,实质上就是要给人以主体性的地位,要把人从被动存在物的地位转变到主动存在物的地位。在奴隶社会人是工具,是会说话的牲口,在封建社会人是被奴役的对象,是神的婢女,在资本主义社会人是机器,是金钱的奴隶,而在我们社会主义的今天,人不应该是消极被动的附属品,人是主体,应该恢复人的主人翁地位,尊重主体的尊严和价值,相应地,作为主体的人也应该具有这种主体意识。相对于物来说,人是中心,人是目的,人应该"物物而不物于物"。总之,无论是相对于社会还是相对于物质来说,人都是主体,是中心,是目的,是主动存在者,而不是相反,这就是主体意识。然而,正如考察人所言,我国"封建主义沉淀的东西太深太厚",人的文明(文化)层次又低,物质财富还很贫乏,相当多的人还迫于物质匮乏的重压而为物所累,"物于物而不能物物",因此,今天真正具有这种主体意识的人不可能很多,更不可能普遍化。如果认为偏远山乡的普通老百姓也普遍地高扬什么主体意识,那是对国民状况估计太高了。

从《浮躁》来看,像雷大空这样的人,他是为了反抗命运,铤而走险,最后为了金钱而不顾一切,丧失公德,不要法纪,任金钱役使,凭命运摆布,受他人支配,这只能说是求生存的意识,充其量也只能说是"自我意识"或"个人意识"(这里特指以自我为中心、损人利己、损公肥私),哪里谈得上主体意识。雷大空恐怕还不知"主体"为何物,他不过是生活中的一个被动存在物罢了。在《浮躁》中,以我看除了金狗可能略微具有一些主体意识外(他还能顺应时势,把握自己),其他像矮子画匠、韩文举、麻子外爷、福运、小水、英英、陆翠翠诸人的意识中,恐怕还是求生存的意识多。甚至像田中正、田有善这些身居要路津的人,我看也没有什么主体意识,因为他们虽然手握权柄却不能用之来很好地为人民服务,反被权势利欲所羁绊,沦为"权"与"欲"的奴隶,何来"主体"意识?其实仔细揣摩一下考察人的话,恐怕他所说的"主体意识"指的是狭义的"自我意识"或"个人意识",概念混淆了。

既然主体意识并非普遍具有,那么所谓"人的主体意识的高扬和低文明层次的不谐和"造成了普遍的浮躁这种时代心态就无从谈起。

那么,究竟应该怎样理解所谓的浮躁这种时代心态呢?我认为,应该更多地从我们社会政治经济生活中找原因。历史唯物主义认为,社会存在决定人的意识,社会心理是社会存在影响所致,也是社会存在的反映。所谓的浮躁实质上是当代人的一种失重感。这种失重感恰恰不是什么"主体意识的高扬和低文明层次的不谐和"造成的,而是由于当代社会生活的变动倾斜与人们文明(文化)层次较低、主体意识还没有确立或没有完全确立、人们不能充分地正确地把握自己诸因素共同造成的。也就是说,浮躁或者说失重不仅仅是人自身的原因(如文明层次低、素质差)造成的,有这方面因素,但更重要的是社会生活的原因,是社会生活的原因与人自身的原因合力造成的。

事实上,从近代以来,中国大地就不断发生倾斜。这种倾斜反映了历史的大转变。对国民来说,自给自足的田园梦被打破了,资本主义的金钱梦也做不成,历史在大转变,社会在大变革。相应地,人们也得重新认识和估价这个世界和我们这个社会,重新确立自己的位置,选择自己的道路,寻找自己的归宿。这需要一个过程。在这个过程中,我们民族逐渐觉醒,于历史的烟云中逐渐辨识出自己的方向和道路,最终以新的姿态站立起来。同时,在这个过程中,出现迷惘、浮躁、失足、投机取巧、趁火打劫、得意忘形等失重现象和失控现象,自然也必不可免。雷大空正是不堪忍受窘困的生活,被瞬息万变、五光十色的生活现象刺激得欲火熊熊,一些地方政治生活、经济生活的混乱又给投机分子造成可乘之机,他既不能清醒正确地认识现实,又无从把握自己命运,结果一纵身跳入利欲场中,赤身一搏,不择手段,贪得无厌,竟至得意忘形,这正是失重的表现。雷大空如此,田中正也同样表现出失重状态。政治体制某些环节的不完善,得以使田中正这些官僚政客结党营私,鱼肉乡里,然而他虽然在一时一地能主宰别人,最终却不能主宰自己,不能把握自己的命运,趁火打劫而又被人所打,惶惶不可终日。这不也是一种心理失重吗?因此,所谓浮躁,实际上就是社会生活的倾斜、不稳定造成的一种心理失重。

从金狗来说,在仙游川那样的环境里,生活贫困,政治上又受田中正诸人的欺压,他既不能像父辈那样逆来顺受、忍气吞声地活着,也不能像韩文举那样空有一腔牢骚,怨而不怒,敢怒而不敢言,敢言而不敢动,他要摆脱任人宰割的局面,与命运抗争。可是,生活之网把他束缚得牢牢的,他左冲右突,疲于奔命,心理上时时有一种失重感,纵酒,睡女人,觉得精神上焦渴无援。但他竭力在生活的道路上寻找属于自己的位置,力图把握个人的命运,显示了主体意识的觉醒,同时也显示了他力图摆脱失重感、把握生活航向的主体的力量。

以上分析可以看出,贾平凹对州河上下人物和生活本身的描写是真实的、深刻的，可是当他跳出人物和生活流程进行理性分析，站在哲学高度进行把握时，就有些捉襟见肘。他的分析、把握同他对生活的描写缺乏内在的联系，不仅"隔"而且产生抵牾。这并不是说贾平凹缺乏理性分析和哲学概括的能力。我觉得，问题在于，贾平凹在创作中一方面依赖他对生活的体验，另一方面过于依赖读书所得和惰性认同他人的思想和看法。由于接受他人的思想有时并未化作自己的血肉，这时在创作中就形成一种我姑且称之为"体验—感受"与"读书—接受"的游离现象或抵牾现象。《浮躁》中考察人那一番宏论，就使人感到似曾相识，作家是不是从别人处搬来了那一套理论，结果造成了他"体验—感受"与"读书—接受"相抵牾的现象？

（原载《小说评论》1988年第1期）

《浮躁》：时代情绪的一种概括

李其纲

又是一条河，《浮躁》中贾平凹又写了一条河。我们已经习惯瞧见贾平凹笔下淌出一条又一条河。那河从秦岭上蹦跶下来，淌出一片滞重幽远或是平和宁静的忧伤和快乐。那是小月横一叶扁舟与门门嬉闹的河（《小月前本》），那是孙二娘一曲清歌为船夫们洗尘祝愿的河（《火纸》），那是流着古老的乞月的歌声的河（《天狗》）……总之，那是横着洞箫或浅吟或呜咽含蓄蕴藉之河。

此河非彼河，就是说，这河给予我们的审美感受与以往的不一样。这不仅仅在于贾平凹写了这河的喧嚣浩荡、性情暴戾，更在于这河在气韵、气势上统摄了全篇的结构、内涵及美感风格。这条河改变了贾平凹。贾平凹说得明白，这是一条"全中国的最浮躁不安的河"。倘若说，在这篇洋洋三十余万言的鸿篇巨制中有所谓"文眼"的话，在这繁复多变的情节运转结构中有所谓"枢纽"的话，那么，这条河个性鲜明的特征将毫无疑问充而当之，那就是——浮躁。

浮躁：人文背景下的民族心态的一个侧面

我们曾经有过的心态：沉默。当我们抬起脑袋重新打量急遽变幻的世界时，世界让我们眩晕、新奇和陌生。我们企图伸手抓住在我们沉默时匆匆掠过我们面前的那一切，然后我们还企图抓住正在现实地发生的那一切。我们极力把已经变得萎缩、干枯的心灵拓展得宽大些、再宽大些。然而，我们抓着了这些又漏掉了那些，容纳了那些却又挤掉了这些，于是我们焦灼我们不安我们激情难耐我们急躁惶惑。我们拆掉了那河的堤岸——沉默。我们任那河一泻无际汹涌澎湃挟泥沙翻浊浪。我们成了那河——浮躁。

在这个意义上，浮躁并不是我们修养的一份鉴定，并不是某个个体性格的确认。如果说，浮躁是我们的血之潮汐漫出的精神特征，那么，我们完全可以凭借于此而走进《浮躁》，凭借于此而认出与我们不无相似的人。

首先当然是金狗，这个仙游川矮子画匠的儿子，以他强烈的人文精神为我们瞩目。也许他不无张狂，幻想着有月亮那么大的一枚印章，"在那天幕上一按，这天就该属于我了"；也许他不无狡诈，利用田氏家族的势力打败巩氏家族，然后又利用巩氏家族的势力打败田氏家族；也许他不无迷惘，在利用宗族矛盾救出雷大空后，却感觉到身陷在巨大的权力之网中，这网使他感受到以恶抗恶的"耻辱"；也许他不无脆弱，沉溺于与石华的肉欲关系中而无力自拔……但这并不妨碍金狗成为一个活生生的大写的"人"。他的不足与缺陷，他的病态的亢奋与激愤，我们都可以在他企图与之抗衡的社会力量和文化力量中找到某种诠释。这就是说，当我们承认浮躁的精神特征是相伴着社会变革之后人的解放、主体精神的确立、价值观念的重新发现而不可避免的话，我们同时也就连带着承认了任何意义上的人的本质和价值的解放、确立和发现都是相对于对立面的存在物而言，如同我们面对悬崖撑篙行舟，篙弯舟行，在篙的弯曲中我们同时发觉悬崖的静力。是的，正是在金狗的这种扭曲中我们发觉了那种社会力量和文化力量的静力——它异乎寻常地呈现出某种超稳定性。且不说绵延三四十年之久的巩、田二家的家族之争蔓延至州行政公署和白石寨县委——金狗的许多作为正是斡旋于其中的结果；且不说田一申、蔡大安对田中正的人身依附关系——田中正不止一次地耍尽手腕想把金狗拉入这一关系；且不说田中正强奸小水不成而吐出的狂言：在两岔乡没有他想玩而玩不到的女人——金狗正是在这一场斗争获胜后痛感到一种巨大的"耻辱"……我们仅以金狗报考《州城日报》记者一事为例。记者的名额之所以拨给两岔乡，是因为县委书记田有善想培植自己的家族势力；而当金狗凭借着自己的主体力量、才华和学识考取《州城日报》的记者后，金狗并没有意识到是他自身的努力改变了自身，他依然坚执地相信，倘若没有田中正的首肯，他是不能够走出两岔乡，走向他所向往的州城世界的。这样，他不得不与英英订婚、不得不割舍对小水的爱，以一种暧昧的暗示迎合了田中正。同时，在与小水告别时，在与石华相处时，又以一种自戕的方式、一种自我沉沦的方式发泄这巨大的屈辱、吞咽这巨大的屈辱。固然，这暴露出金狗精神状态的某种失重、某种心灵的倾斜，我们可以把它归结为：浮躁。但至此，我们至少可以说明，笼罩在《浮躁》中的人文背景，并不仅仅是正向的主体精神的确立，它还意味着这种已经确立和正在被确立的主体精神的逆向：封建性的、呈闭锁状的、盘根错节的人际力量和农业文化力量正强有力地卧在那儿，它的静力与人文精神的前趋力呈抱角之势。在这个意义上，"浮躁"所内蕴的躁动的力量就不仅仅在于它本身的作用力，也在于与它的作用力对峙的反作用力。就是说，"浮躁"内蕴的力量是一种合力，当这种合力外化为某种精神特征时，它就不能不是理智与盲目、纵欲与养性、善与恶、建设性与破坏性、沉溺于直觉与诉诸理性的统一。它成了我们解开金狗性格全部复杂性的一把锁钥。

不能不想到于连·索黑尔。金狗说：我是一个农民的儿子；于连·索黑尔说：我是一个乡巴佬。金狗占有了乡党委书记的侄女英英后感到十分痛快；于连·索黑尔在占有了市长夫人后感觉到报复的快意。不过，金狗远比于连·索黑尔幸运，于连·索黑尔是在他站在被告席上时，才对他处的阶级、社会环境及自身有切肤的认识，金狗则不然，他在几经挫折后，他的同时代人的经历以及喧嚣不已浩荡不已的州河就给予了他富有时代哲理的启迪：人的主体意识的高扬和低文明层次的不谐和成了目前的普遍的浮躁情绪的特点。这构成了金狗对于时代和社会的一种领悟，同时也构成了金狗对于自身的一种把握，不管这种领悟和把握如何拘囿于精神的范畴来解释精神现象，它毕竟已经能摸到了当代中国特定的人文背景下独有的民族心态，而一旦展开这一命题，金狗与金狗们将或迟或早地认识到对于精神障碍的克服、对于浮躁之气的涤除并不仅仅是个纯粹精神领域的命题。在根本上，这一命题是物化的，恰如马库塞所言：人类劳动的彻底物化将切断把个人缚在机器上（包括土地上——加重点号部分系笔者所加）的锁链——他自己的劳动用来奴役他本身的装置——从而粉碎这种物化了的形式。亦恰如《浮躁》的结尾，金狗在州河上操起了小火轮的举措所暗示：正是生产力发展的水平在总体上制约着人的精神选择和精神构成。

斯丹达说：在法国有二十万于连·索黑尔。那么，在今日之中国呢。有多少金狗聚合成一个焦点从而凸现出民族心态的一个侧面呢？二十万，二百万，抑或二千万？

浮躁：原欲与超越

如果把"浮躁"看作当代中国特定的精神现象，并且这一特定精神现象又有着它特定内涵的话，那么，这一精神现象的内核又是什么呢？《浮躁》为我们提供了寻求这一答案的艺术契机。我们不难发现，在《浮躁》中有着颇为相似的"浮躁"特征的有两人：金狗和雷大空。尽管他们的个性特征千差万别，尽管他们的文化素养相当悬殊，但在不满意自身的生活状况和生存环境、力图跳出土地的束缚这一点上，两人却殊途同归，共同走向了州城。当他们在州城喧嚣嘈杂的市声中彼此相握，频频顾盼五光十色的城市景观时，他们按捺不住最初进入城市的欣喜，感官处于高度亢奋中，一种浮躁的情绪和特征随之出现：金狗沉溺于与石华的欲海之中，雷大空的口袋无意中竟掉出许多用处和对象皆不明的避孕套。心灵在城市的挤压下急遽倾斜，但在这倾斜中却颠出了我们企图捕捉的东西：正是人的朴素的、本能的生命冲动和物质欲望，而不是某种空洞的政治术语勾勒出金狗和雷大空精神一隅的风貌，构成我们称之为"浮躁"的精神特征内核。换句话说，"浮躁"这一精神现象如同其他精神现象一样，都不是纯粹精神的派生物。它与人的原欲有一种塔和塔基一般相互依存的联系，它以自身的复杂性肯定了如下的表述：并不存在任何超脱肉体的精神力量，而那种自以为超脱肉体的精神只是在自己的想象中才具有精神力量。

不过，这并不意味着人的原欲等同于道德尺度中的恶，因为人的原欲、人的生命冲动在精神化的过程中，既可能产生道德尺度中的恶，也可能上升为人改造自然、创造人所要求的物质生存环境和方式的力量，上升为道德尺度中的大善大美，即它有可能被导向各不相同的极端。在这个意义上，我们并不否定人的原欲对人自身具有永恒的诱惑，这就如同只要有城市只要有农民，城市对于农民永远是一种诱惑一样。

是的，永恒的诱惑。贾平凹已经不止一次地写到这种诱惑。《古堡》中的老二觉得只要能搂着城里女子睡上一宿"死了也值"，最后以自己鲜活的生命殉了这痴情。在《浮躁》中，贾平凹更是在城乡交织的经纬中，写出了三种各不相同的农民进入城市的三种方式。其一，巩宝山式，出生入死，浴血奋战，"坐上州府大堂"；其二，金狗式，凭学识凭才华，考取记者，或考取大学；其三，雷大空式，经商，发财，以金钱作矛以智慧作盾。耐人寻味的是，这三种方式都潜藏着某种相似的危机：取第一种方式的巩宝山，悄悄地由人民的公仆转变为人民的"主子"，手中的权力也通过儿子之手进入了商品流通的渠道，而早年的结发妻子则被他像扔掉一件用旧了的物品一样扔掉了。取第二种方式的金狗和某个山里娃子，也都因为某个城里女子经历了一场难以自拔的情感危机。不同的是，金狗终于因为"菩萨"小水的佑护而脱身，而山里娃子则在扼死了爱着他的教授女儿后与其同归于尽。取第三种方式的雷大空,财大气粗之后,以一种阿Q式的心理处处与县委书记比气派,比开会的时候谁迟到得更多,比谁更能够挥金如土,经商则买空卖空,导致银铛入狱,最终被人陷害,死于非命。

然而,就没有第四种第五种第六种第N种方式吗?

倘若说浮躁的精神内核是人的原欲的话,人就不可能超越和驾驭人自身的这种欲望吗?对千百年来在黄土地里抠食的农民来说,他们在心里羡慕遥遥眺望的城市难道永远是恶的渊薮吗?

显然不。人并不是纯粹的欲的存在,就如同人不是纯粹的精神存在一样。人同时还是社会的存在、文化的存在和历史的存在。人的这一系列存在的结果表明,人不可能不受到社会、文化和历史的制约和影响,并且,正是这种制约和影响使得人的原欲有可能上升为生气灌注的理性力量,有可能成为刺激生产力发展的酵母。在这个意义上,城市对人的欲的诱惑同样可以得到升华并被超越。就《浮躁》而言,它已经传递出这方面的信息。小水所梦的"民主选举县长"难道不是一种新的农民进入城市的方式吗?何况,即使旧有的方式,也不在于方式本身,而在于驾驭这种方式的人的精神素质,"金狗银狮梅花鹿"所驾驭的小火轮难道不是对旧有方式新的使用吗?实实在在脚踏实地的经商,就是与雷大空的方式相同,但目的和本质迥然相异的一条道路。在这条道路上空,同样激荡着心灵的呐喊,同样映现出灵魂的躁动。如果说这也算一种"浮躁"的话,那么,它是积极的而非消极的,它是源于自我、通过社会的中介并滋润社会同时又被社会改变了的自我映象,如同血通过心脏并滋润心脏且被心脏改变后又回到血管。

金狗在欲的原始躁动下走进州城,而后在州城单枪匹马、处处忍受精神和肉体的双层苦闷,最后又回到生他养他的州河上——他走过的是一条超越原欲、超越自我的道路,尽管他似乎绕了一个圆,但这个圆却是上升的螺旋。在他变得坚忍沉着的气质中,在他摒弃空谈玄思崇尚务实的作风中,凭着他对中国农民和城市的深刻体察和理解,我们完全有理由相信,他还会再度走进州城,而那时他不再是孤独的。但不论未来怎样,现实的金狗走过的这个圆已经烙下了无法抹去的烙印:历史是一个过程,但这个过程既不是纯粹的、净化的,又无法被省略。它有那么点残酷。

浮躁：历史进程的价值尺度

这是另一群人。

他们日出而作，日落而息；他们褐黄色的皮肤如同褐黄色的土地；他们古老他们沉默他们滞重犹如枯水季节的州河。他们是泥捏的一群男人。他们恪守祖宗的遗训，对背弃土地的金狗斥之为"男双旋，拆墙卖砖"，骨子里他们是重农主义；他们信奉传统的人伦，对田中正与嫂子的通奸嗤之以鼻，一旦"熟亲"则无可非议；他们崇尚薄利厚义的古风，对进了城的金狗抛下小水报之以极大的义愤，福远说：死了我也不会做这等绝情的事；他们既膜拜权力又痛恨权力，他们既眷恋家园又厌恶家园，他们既信命又反抗着命……福远死了，为了县委招待所的餐桌上能多上一盆熊掌，他把自己的血肉之躯置于熊掌的蹂躏之下；矮子画匠活着，但田中正响一个屁他当作一声雷；七老汉活着，每一次撑排过滩他都不忘为供奉于匣中的小白蛇燃上一炷香；秦文举活着，撑一叶渡船喝酒、调笑女人、发发田中正的牢骚，除此之外，他该做些什么，又能做些什么呢？

还有一群人。

她们是水做的骨肉。她们面容姣好她们善良，她们都处在花骨朵般让人怜爱的年龄。也许只是一种偶然，熟悉贾平凹创作的差不多都不难发觉，只要是处于这一年龄当口的女子们，贾平凹在笔下是不愿太伤害于她们的。《浮躁》亦如是。菩萨般的小水自不消说，就连"可人的小兽"英英，在金狗落难之时也满掬辛酸之泪，全然忘记了金狗报答她热炭般灼热的感情的是一块坚冰；而金狗既厌恶又难以割舍的石华，更在金狗身陷囹圄时伸出救援之手，不惜吞咽下女人最难以吞咽的耻辱，服了安眠药让一个呆傻的公子哥儿玩弄了一通。她们是水，但她们和在泥之中，这就是说，她们得承受双重的苦难。不静岗的寺庙里，"行将老去的老婆婆们是在唱着女人们的一生，她们从开天辟地女娲捏人开始，唱到人怎么生人，生时怎么血水长流，胞液腥臭，生下怎么从一岁到两岁，从两岁到三岁……到长大了怎么去冬种麦夏播秋，怎么狼来要吃肉，生虱来吸血，怎么病痛折磨，怎么烦愁熬煎，再到婚嫁，再到性交，再到怀孕，再到分娩，一直到儿女长大了又怎么耳聋眼花，受晚辈歧视，最后是打打闹闹争争斗斗几十年了蹬腿咽气……"毫无疑问，女性不仅在生理上更得在心理上承受比男人重得多的负荷，在封建性的、以小生产方式为特征的农业文化中，她们处在最底层。《浮躁》以小水的两次婚变,最终方与金狗结合的曲折感情历程,具象化地展示了这一点。就文化心理来说,小水是传统的,忍让、克己、认命、中庸、谦和,这无论从她遵从媒妁之言嫁给"小女婿",还是她对金狗与英英的婚事所持的宽容态度中均可显现出来。

他们和她们——都是不愿跪着但又在无意识(或者说是"集体无意识")中双膝磕地的一群人。

他们和她们都与"浮躁"无缘。

他们的心理结构是稳固的,从代代相传的歌谣古训中,从相沿成习的乡俗民风中,他们建立起自己的行动准则、伦理规范;他们并不孤独也无所谓孤独,他们自信仍然拥有广袤的空间和众多的人口;他们也许不无麻木不无迟钝不无愚昧,但对任何异己的新的事物却抱有让人诧异的敏感……如果说"浮躁"的精神实质是面对一个日益开放的世界持一种开放的姿态,表现出巨大的受容力的话,那么他们稳固而滞重的心理结构和心理内涵则刚好相反,以一种封闭的姿态保存自身,表现出巨大的排他力量,即使他们的敏感也表现为排他的需要。但是正是他们的呈静态的稳固提供了一种参照,反衬出"浮躁"的精神内涵所具有的动态价值:变革因子的活力与跃动,如同静态的原野反衬出高速行驶的列车。在这个意义上,"浮躁"本身的价值内涵构成了这片土地上变革的历史进程的价值尺度。换句话说,"浮躁"成为一种标志,在死水凝结的地方无所谓"浮躁";在弥漫着"浮躁"的地方,那地方必然已崛起、生长出新的观念和这种观念赖为依托的物质生产方式和消费方式;而在"浮躁"与其对立面的存在两者此消彼长或此长彼消相互纠缠相互格斗的地方,则必然错综复杂地呈现出一幕幕让人惊心动魄的悲剧和喜剧。

也许还应该着重提一下她们。在这一幕幕悲剧和喜剧中,她们并非是某个客串的角色,她们是正儿八经的主角。倘若最深的古井能够掀起波澜,能够透出几缕"浮躁"之气的话,那么,历史进程的广度和深度也就自然而然地被标识被解释了。令人欣喜的是,她们中已有人用她们操惯了的剪刀剪开了天幕的一角:大千世界同样开始让她们陌生、新奇、焦灼。在这样的时候,小水做两岔乡以外的世界的梦。那个梦是通过民主选举,金狗当县长了。

悬挂在文学长廊上的《浮躁》

1827年,司汤达在《法院公报》上看到了一个名叫贝尔德的青年家庭教师开枪射击自己女主人的情杀案件的详细报道,不久,他就在这个素材的基础上加工改编,构成了小说《红与黑》的基本情节。

1986年,贾平凹以1985—1986年在陕西乃至全国引起很大反响的几个经济案件作为基本事件构成《浮躁》的情节框架。[①]

这并非奢侈的多余的或无的放矢的比较。当然,这种比较并不忽略司汤达与贾平凹所处的不同时代不同国度不同文化渊源,这就如同我们并不忽略于连·索黑尔与金狗的巨大差异一样。这种比较提供了这样一种可能:在强调文学的即时性时,蓬勃的、此时此刻的社会生活并不缺乏它的文学魅力,而且这种魅力并不是转瞬即逝的。

如果说,《浮躁》取材方式与《红与黑》取材方式的相似显示了贾平凹与司汤达一样的、对于即时的社会生活热切关注的文学家的真诚的话,那么,浮躁——这一时代典型情绪的概括,则显示了贾平凹对当代文学的关注和对自身创作局限的不断突破。

集中体现了"浮躁"精神特征的金狗,在《浮躁》中的出现并不是偶然的,这一形象在贾平凹的腹中有一个酝酿、发生、发展、日臻成熟的过程。在《小月前本》中的门门、《鸡窝洼人家》中的禾禾、《腊月·正月》中的王才、《古堡》中的老大……这一系列人物身上,我们已经可以看见金狗的雏形。他们是不安分的,他们对土地不再景仰,对祖宗的遗训抱有漫不经心的轻蔑,他们对自给自足自封闭的生产方式施以撞墙式的突破和冲击:门门搞转手倒卖,王才办起了食品加工厂,老大执着于村外的矿井和矿石。他们也痛苦,村里老的少的几乎都不理解他们,理解他们的唯有他们心爱的女人。他们是高尚的,感情上是净化的,道德上是无可指责的,他们的孤独宛如为人类盗来火种的普罗米修斯。然而,在这同时,他们的性格是不是也显现出某种单一和单调呢?在总体上,这是不是也构成了贾平凹创作中的一种人物模式呢?模式总不是件令人愉快的事,艺术生产毕竟不等同于合成树脂玻璃器皿可以成批量生产,因而金狗形象

---

① 李星:《混沌世界中的信念和艺术秩序——〈浮躁〉论片》,载《小说评论》1987年第6期。

的塑造，他的丰满和复杂，在突破模式的意义上，是可以让我们也让贾平凹欣慰的。

我们已经指出，"浮躁"是一种概括，它概括出我们所处的时代骚动而又充满生气的精神特征：面对历史、现实和未来，我们正在分崩离析的旧价值观念基础上重新建构我们的世界。这是一个扬弃的过程。然而，仅仅是《浮躁》才对"浮躁"这一时代情绪的精神特征给予概括、给予一种艺术语言的描绘吗？显然不。刘索拉《你别无选择》中的孟野，刘心武《五一九长镜头》中的滑志明，张辛欣《在同一地平线上》中的"孟加拉虎"，张承志《胡涂乱抹》中的"他"……他们或多或少或浓或淡都泄露出压抑在心际、缠绕在心际的那种骚乱那种烦躁那种不能自已以命相搏以求一快的情绪。这种情绪的质与金狗的"浮躁"并不是截然相异的，它们共同孕育于同一母体同一水土同一文化背景中。但是，将"浮躁"这典型的时代情绪置于当代中国特定的小生产者的生产方式和生产关系中予以考察的，贾平凹是第一人。

（原载《文学评论》1988年第2期）

主体立场：现代理性与传统伦理的纠结

——贾平凹《浮躁》新论

刘一秀　孟繁华

1987年，当贾平凹在当年《收获》第1期上发表他的第一部长篇小说《浮躁》以后，作品随即受到文坛的关注。在随后有关《浮躁》的众多评论中，比较具有代表性的有李星的《混沌世界中的信念和艺术秩序——〈浮躁〉论片》，李其纲《〈浮躁〉：时代情绪的一种概括》，周政保《〈浮躁〉：历史阵痛的悲哀与信念》，等。它们大多认为，《浮躁》是对时代、社会变迁中的一种普遍情绪的概括，在社会的急剧变迁中，人产生与现实环境的不适应性是这种情绪的主要来源；认为《浮躁》体现出两个方面的重要特点：一是鲜明的时代意识，表现为深厚的历史理性思考，二是浓厚的地域文化色彩，并且作品在这两者的糅合中显示出独到的艺术功力。自20世纪90年代以后，也有研究者开始注意到这部小说的乡土宗法意识等等，但对这种宗法意识是如何有机渗透于作品的叙事之中还缺乏清晰的认识，还有必要在具体分析的基础上加以厘清。

一、显在的启蒙立场

创作主体有着自己的价值立场。这种价值立场，在文学作品中，可以通过多种方式表现出来。重读《浮躁》，对此感触良深。"写《浮躁》，作者亦浮躁呀！"这是贾平凹在《浮躁》序言之二中关于写作状态的自嘲。贾平凹在叙述"浮躁"的州河故事的时候，他的内心与所叙现实有着强烈的共振，那种激情和试图改变现实的情绪通过金狗及其悲剧性的人生展露无遗。

长篇小说《浮躁》创作于启蒙主义回潮的20世纪80年代，在此前后出现的伤痕反思文学、知青文学、朦胧诗潮，大多洋溢着启蒙的热情。

启蒙是知识主体站在现代文化的立场上对大众的劝谕和教导。整部作品通过金狗这个"知识青年",表达了对现实世界的批判、对贫苦人民的同情。在作品的所有人物中,金狗是唯一一个有知识有追求的回乡青年,因为曾经参军,他的视野扩大了,可以说是知识造就了他对现实的"浮躁"。他有能力和才干,不但组织船运队而且还当上了记者。"记者"这一身份在新时期初期的许多小说作品中都是被作为知识分子的符号加以书写的,如《人生》中的高加林、《夜与昼》中的顾小莉。金狗的周围基本都是"愚民",包括他的杂姓兄弟姐妹雷大空、小水、关福运等。正是具有现代眼光的金狗带领他们向乡村的家族统治者发起挑战。一方面是为民请命的记者金狗,另一方面则是麻木不仁的乡民。在这样的叙述中,金狗与乡民之间形成了启蒙者和蒙昧者的对应关系,而且他们之间的沟通是一种鲁迅式的隔膜和失效。

启蒙者不仅代表思想的现代化,更为重要的是对于启蒙的执着精神。《浮躁》将金狗塑造为一个启蒙斗士的形象,并将所有的褒奖、赞颂与悲悯都赋予这个理想主义的人物。中国现代启蒙主义首先是从批判家族制度入手的,小说《浮躁》的主人公金狗几乎是秉持了创作主体的启蒙意旨,充当了传统家族文明的反叛者和摧毁者的角色。创作主体在启蒙的立场上来批评州河的文化现实。正如评论者所看到的:"金狗和雷大空的双双失败,让我们看到:严密、血腥的宗法势力已经渗入了中国政治文化的血液之中,公开的专政工具与隐秘的黑手党手段相结合,能够抵御和防范任何外来的进攻。金狗与雷大空这'一文一武'的两种反抗都失败了,但他们反抗家族势力的'浮躁'行动却使州河'活泛'了起来,使田一申们不得不有所收敛。这或许就是长篇小说《浮躁》的真正意义之所在。"[①] 在反抗家族制度的意义上,《浮躁》的作者显示了他的启蒙主义的立场。

《浮躁》的启蒙意义还可以放大到当时的社会政治层面。而对社会政治文化体制的现代化变革正是启蒙的应有之义。启蒙主义的思维特点首先是怀疑主义的质询,并在此基础上进行符合启蒙主义价值观的批判。小说对于既有的带有家族色彩的政治文化现象进行了大量地描写和揭露,并借助金狗的眼光,对这些"丑恶"现象进行了嘲笑和漫画式的书写,鲜明地体现了作家对于鲜亮釉彩下的政治口号和文化现象的怀疑、反思和批判。这种启蒙精神在后来的贾平

---

① 方维保:《消费时代的情感印象——中国当代文学与批评的文化观照》,辽宁教育出版社2010年版,第31页。

凹长篇小说的创作中是得到某种程度的延续的。在《废都》《白夜》等作品中，对于现实社会肮脏和黑暗的批判，也都是建立在启蒙主义价值观之上的，虽然这样的启蒙意识相较于早期的《浮躁》没有那样的鲜明和尖锐。

二、隐蔽的传统趣味

但是，《浮躁》所体现的创作主体的精神理想是复杂的。贾平凹在作品中所给予现代性命名的表层语义，与作品所展现的深层语义是分裂的。作家在叙述故事的时候，他可以在理性的层面进行明确的干预，但是他的主体意识同样存在着混沌的层面，这是他自己可能都无法意识到的。在贾平凹批判传统家族政治、张扬启蒙理性的时候，他所使用的武器本身就存在着可疑和暧昧，时代的限制导致了现代性叙述被传统文化人的趣味和民间立场带入传统伦理之中，并成为其俘虏。

《浮躁》具有很明确的平民意识。创作主体往往站在平民的立场上为他们受到的不公的遭遇而悲愤。这与启蒙主义的平民立场是一致的。但是，贾平凹《浮躁》中的平民意识又是可疑的。平民意识是中国现代性意识形态的重要组成部分，它基于中国底层社会人权的诉求，是现代民主观念的体现。中国现代作家在广泛的领域里建构起一种立足于底层立场的文学想象。但是，贾平凹在表现平民民权的时候，却将底层的"杂姓人家"作为一个家族来叙述，金狗与雷大空等人在作家的叙述之中演变为没有血缘关系的家族，极为类似于封建文化中的"结义兄弟"；同时，他还将杂姓人家作为田、巩两个家族的对立面，这种对应关系，也导致了杂姓人家的家族化。贾平凹将现代性阶级观念，以及现代性范畴中的泛平民观念，降格为传统的家族之争。金狗和雷大空等人的形象也因此由民权英雄降格为家族英雄。

从金狗的人格成长史及其悲剧演变史的角度来观照，新时期的成长叙事已经开始建构个人英雄的形象，为自己而不是为别人活着是个人英雄的性格特征。路遥《人生》中的高加林就具有这样的人格特征，但金狗显然不是，他的一切作为虽然是个性的，但却不是为自我的，而是为了整个杂姓家族的利益，因此这个形象的人格是集体主义的。这种集体主义的人格与传统知识分子的人格特征是同构的。这样的人格也具有革命集体主义时代的遗风，而"为他"同时也是家族英雄的应有的性格品质，金狗恰恰是在这一点上确立了他的家族英雄的地位。

  《浮躁》的显在主旨是反抗传统家族政治，但是它又发生在家族文化的价值范畴之内。田、巩两家是这个体系的既得利益者，金狗及其杂姓家族是后来者。而无论是前者还是后者都是在家族内部言说自己的行为及其价值。但显然，在《浮躁》的言说语境中，前者是道德的负面，后者是道德的正面。这不是他们自身的道德有正负之分，而是创作主体的道德标准使然。在《浮躁》的叙述主体，或者说白了，在作家贾平凹看来，前者是道德的负面，他们是传统的，是既得利益者，是压抑者、统治者，他们道德堕落、滥用权力。但是，这同样不能说明后者，也就是金狗及其杂姓家族的道德正义。田、巩两家及其获取权力的方式在现代化的语境中，在民主和宪政的现代语境下是非法而堕落的权力。作者又将金狗他们放在受压抑的无权力的受害者的地位来表现，赋予其伦理上的优上地位，并给予其合法性。但是，从现代性的立场观照创作主体及其在文学中所阐明的立场，我们会发现，贾平凹的立场是纠结的：一方面反抗传统的家族及其权力统治是现代民主社会的愿望，金狗及其杂姓家族的对于田、巩两姓的复仇当然也符合现代性的愿景，因为它是获得民主和平权的必经之路；另一方面我们也必须看到，金狗及其杂姓家族所进行的复仇是在家族意义上的复仇，金狗只是要"成为一个有权有势的而为百姓说话的人"①而已。家族的复仇只是家族之间的，就是家族复仇取得了胜利，也不可能惠及家族之外的更为广大的民众，因此，它不可能获得家族以外的意义。贾平凹将金狗及其杂姓家族的复仇一方面放在新时期的背景之下去表现，并赋予其正义性和伦理的道德性，但是在现代化的广阔前景下，这种复仇又只是家族的复仇。也就是说，《浮躁》及其作者的现代性是有限的，是特殊时代所展现的现代性的眼光，其基本立场是传统的，而且是家族的。从创作主体的角度分析，作家受到当时历史文化语境的限制，无法清晰地分辨现代性与传统性，从而造成其叙述主体的现代性与传统性的纠结状态。

  而在话语层面，贾平凹叙述的虽然是一个当代故事，是一个具有现代性意味的政治文化改革的故事，但是其文本中却充斥着传统文人的趣味和话语。

  《浮躁》仿照《红楼梦》建构起了神话结构，用风水、算卦、梦验等民间性

---

① 贾平凹：《浮躁》，作家出版社1991年版，第211页。

信仰的和尚、不静岗、已经类道士化的韩文举等神仙道化，楔入日常生活，使得作品中的人物命运和时序演变，以及日常生活都笼罩在农耕时代的神秘主义雾霭之中。这些神秘主义元素对于小说叙述的主宰，将现实生活神秘化、宿命化。当然也使得作品的启蒙主题和现代平民主权追求等现代性理想，变成了荒野老道妄言世事的妄言诞语。这种将现代社会现实传说化和野史化的手法，显然很容易在中国古典文学话语中找到源头，但其极大地背离了小说所追求的现代启蒙主旨，甚至是反启蒙的，因为现代启蒙以科学思想为柱石，反对鬼神迷信是其重要的文化目标。

作品虽然赋予金狗追求自我完善的现代理想，但是，无论是金狗的怀才不遇式的现实境遇，还是他的愤世嫉俗，也都是传统知识分子的性格特征。他身上有着浓烈的文人才子气息，特别是作家在金狗周围设计三个女性形象：小水无知、清纯而钟情，石华侠义勇敢为意中人献身相助，英英放荡但对金狗情有独钟。金狗不是大观园里的贾宝玉，但是他的风流缘分，却有着中国传统文人三妻四妾的艳福。金狗以及三个女人的形象，显然是后来的长篇小说《废都》中的庄之蝶、唐宛儿等的早期雏形。这些女人大多沉默而奉献，她们与金狗之间的关系显然也只有在男权文化之下才能给予解释。

《浮躁》还有着浓重的田园退隐意识。小说一开始，贾平凹就仿照沈从文的《边城》描绘了一幅恬淡而神奇的边地风情。小说中的撑渡人韩文举和他的孙女小水，也非常类似于《边城》中的撑渡老人和他的孙女翠翠。作家对于仙游川的自然和人事有着较之于沈从文更多的沉迷。正如批评家丁帆所看到的："显然，古朴原始的商州才是贾平凹心灵真正的栖息之所。在这里，他的文化心态才得以平和宁静，而一旦离开传说和历史，进入现实世界，他的心态立刻变化，他的对于现代文明的理性认识与惊惧并存，对于传统乡村文明的情感依恋却无不意识其滞后的沉重，使贾平凹在表现现实时呈现出与其描绘商州传说和古朴风情时完全两样的笔法与心境。"[①]

再者，那时的贾平凹，其创作思维基本还维持在古典时代的道德二元的水准上。《浮躁》存在着一个二元对立的冲突模式和故事结构，是古典时代的好（善）坏（恶）对立的道德模式在文学上的表现。在《浮躁》中，田、巩两家

---

① 许志英、丁帆：《中国新时期小说主潮》，人民文学出版社2002年版，第1260—1261页。

很显然是恶的代表，而杂姓人家则是善的代表。所以，整个作品的主题也就是表现了善恶的对立和搏斗，以及善的最后失败的悲剧。但是，《浮躁》的复杂性在于，作家引入启蒙思维，将田、巩两家命名为"传统"，将其界定为"反改革势力"，而将杂姓人家——主要是金狗——命名为"现代"，界定为"改革势力"。这种现代与传统的对立、改革与反改革的对垒，使得作品的主题抹上了现代性的釉彩。但是，尽管"传统"与"现代"、"改革"与"反改革"是现代性话语，但是其思维方式和道德模式仍然没有脱离古典时代的善恶二元对立的窠臼。因此，金狗的失败仍然是古典的道德悲剧。

现代新文学精神的合法性是建立在反传统的现代性基础之上的。但是，新文学从来就没有完全脱离过中国的文化传统，新文学的汉语语体和知识分子话语特征，注定了它与民族文化传统的血肉联系。在很多时候，这种传统性呈现出潜隐的状态，它埋伏在新文化知识话语的背后，同时，也有很多的作品，对这种传统性，表现得明目张胆。但在大多数的场境中，传统与现代呈现出的是一种纠结的状态：或表面现代而实质传统，或表面传统而实质现代，或传统与现代在文学想象与知识姿态上处于纠缠不清的混沌状态。

《浮躁》表现出创作主体立场的现代性与传统性的纠结状态，同时，在这种纠结中又表现出对于传统性的倾斜。这样的价值立场在贾平凹后来的小说，如《怀念狼》《废都》乃至《秦腔》《高兴》与《古炉》中仍然有着充分的表现，而《浮躁》则是其滥觞，它展现了中国一代乡土作家在价值立场上的独特之处。

三、过去与未来之间的艰难选择

如果我们说短篇小说可以就生活中某一断面、某一人物，甚或某一细节创制成篇，那么长篇小说则要求对于一定的历史区间的纵深把握。回过头来说，沈从文在20世纪30年代末创作长篇小说《长河》之所以未能完成，除了现实动荡、书报检查的苛酷之外，应该说一个重要的原因是来自艺术本身的要求与这种要求无法实现之间的矛盾。从已经完成的章节来看，这部作品主要以片段连缀而成，虽然格局上比此前的中短篇小说更空阔，但同样是缺乏历史纵深感的。作者的那种"设计注重在将常与变错综，写出'过去''当前'与那个发展中的'未来'"①的艺术意图应该说未能实现。如果说一部残缺的作品有其自身的历史命运的话,那就是历史现实的进程已经使作者失去了深度地把握历史的能力。而令人感到十分有意味的是,经过几十年的曲折发展,新时期表现乡土社会的较为成熟的长篇小说仍然承续了沈从文当年的创作,那就是贾平凹的《浮躁》,以山中的河流为基本的自然背景,渡口的老人,纯情温柔的少女……这些曾经构成沈从文小说的基本底蕴。我以为这种艺术上的连接并不只是出诸艺术趣味上的投合,而是基于对乡土社会现代进程想象的自觉艺术吸收。这里还包含着纵深地把握乡土社会变迁的中断与重新复现。这一艺术意图是如何得以实现的呢?显然,在《浮躁》中它有赖于金狗这一人物的推动,他具有艺术活力地连接起一个更加广大的世界,沈从文《长河》中三黑子也是一个具有连接更广大世界可能性的人物,但是作品并未就此展开。金狗这一人物的出现表面看来是作者对时代情绪、现实事象的艺术概括,但究其实质还有赖于作者对时代感的体会与把握。

　　回到对乡土世界现代进程的把握上。金狗作为一个文学形象不再是虚设之物,而是回到历史与现实的基础之上。作品中这种基于历史与现实的可能的展开方式是以金狗与三个不同女性的关系来实现的。乡土世界的现代展开过程对那些知青作家来说也许只具有空间上的意义,他们的最初的生命记忆并不与此相关,而对那些农裔作家来说却具有时间与生命的意义,这意味着他们生命基础的变动。因此,进取与依恋作为人的存在的基本取向,在他们表现变化中的乡土世界的时候也就表现得十分明显。《浮躁》中的小水、英英、石华分别从不同的向度上展示了金狗的情感经历。金狗与小水的曲折的爱情表现出作为乡村青年的金狗要走向外面的世界时必须付出的人生代价以及他的平民意识与感情归依。他第一次失去小水,与英英订婚,不只是由于小水拒绝了他过于急迫的爱情,也是转变时期乡土社会既有权势对于有能力的乡村青年的争夺,及金狗下意识中的妥协。而与石华的恋情,部分是由于寂寞,部分是由于石华长得像小水;又因为石华毕竟不是小水,于是与石华感情的每次升华又引起金狗深深的自责。在这三个女性之间的周旋展现出乡土人物金狗的生存意志、走向外面世界的决心,同时也展示了来自乡土的金狗的生存智慧、生存选择。依靠田

---

① 沈从文:《长河》,北岳文艺出版社2018年版,第12页。

家、巩家的势力，又与他们斗争是一个直接的与此乡土社会血肉相连的人物的生命选择。这种选择既是对未来的一个说明，也是对过去的一种交代。对未来而言，金狗、雷大空们都不愿固守过去的乡土，希望能在新的历史条件下有所作为；对过去而言，他们的人生经历、他们的生命所系都使他们在人生选择、人生态度上充满平民精神、平民意识，显示出人物生命历程的不可分割性及人物自我生命意识的自觉。我们从金狗与小水饱经磨难的爱情经历中看到金狗最终的情感归依。体现于金狗身上的这种在过去与未来之间的矛盾，也正是作者最深切的现实情感体验的外化。在一个转变的时代，理智与情感之间出现裂痕，这种矛盾有时明显有时隐晦，但无疑始终存在且难以消除。

贾平凹的创作自始至终贯穿着巨大矛盾，这个矛盾从根本上说是中国社会由传统向现代转变过程中现实矛盾的反映。不同的作家所处的位置以及自身的人生经历不同，同时，他对现实的感悟、态度千差万别，都使他对这个矛盾有着不同的体会和表达方式。在贾平凹身上，我们看到作者有时自觉承受着这个矛盾，并以这个矛盾来推动自己的转变、进步；有时又被这个矛盾所折磨，想要逃避这个矛盾；有时也能够对这个矛盾作出深刻的沉思，从而使作品的底蕴显得相当丰厚。对这个矛盾的分析，研究界、评论界也经常触及，关键是较少做到前后联系，把不同矛盾现象联系起来，因此，局于一域的分析就难免偏颇，不得要领。对传统文化的感情问题，是贯穿于贾平凹创作始终的，因此有关的讨论也始终持续着。但是，我们认为，对贾平凹创作中的传统文化表现应该做具体的分析，既不能简单地褒扬，更不能简单地贬黜。

［原载《安徽大学学报（哲学社会科学版）》2011年第3期］

赓续传统：现实主义的成长叙事

——再论贾平凹的《浮躁》

刘一秀

神话框架与成长叙述

现实主义文学叙事追求历史的长度以及这种长时段中的人物性格的成长性和典型性。今天再从这样的角度考察《浮躁》，它的确是一部具有典型的传统现实主义叙事特征的长篇小说。这仿佛成为贾氏后来长篇小说写作的基因或传统。认识到此点，对考察并评价贾平凹的后续创作，即便是新近推出的长篇小说《古炉》都有着指南针或方向图的作用。

现实主义叙事追求叙述的写实性和生活的世俗性。从整体上考察，《浮躁》具有一个象征性的神话框架，但在这个整体框架的内部，是写实性的叙述。它在一个中心性人物的贯穿下，对于偏僻的州河地区，对于仙游川的社会现实、风俗人情、政治文化、经济动态以及神秘的原始崇拜、人民的生活与精神状态等都进行了细致入微的描写。这是一种世俗化的生活状态。这些风俗民情和生活现实，充满现世的喜怒哀乐，并且缺少彼岸性的救赎的可能。仙游川中杂姓人家的受压抑现状，田、巩两家对于乡村社会政治的主宰，东阳县农民在改革开放时代的贫苦生活，金狗与小水、石华等人的爱情以及他和雷大空等人的复仇及失败，充斥着现世的纠葛和痛苦。现实中的金狗处于各种关系的旋涡之中，躁动不安，挣扎奋斗，根本无力解脱。可以说贾平凹通过《浮躁》展现了一个改革开放时代乡村人民生活的"真实"的风情图画。假如说把其中的中心人物金狗及其所形成的叙述骨架去除的话，《浮躁》则是风俗民情的"散点透视"，是混合着传统与现代、政治与风俗、现实与传说、唯物主义与神秘主义等多种文化现象的集合。这种写实性充分展示了作家贾平凹生活和思想的复杂性和晦暗不明的混沌性。这样一种散点透视的写实性书写，在其后来的《秦腔》中得以写成正果。

但是《浮躁》所使用的叙事手法不是"散点透视",贾平凹将所有的世俗性现实生活用一个中心人物贯穿了起来。《浮躁》的中心人物是杂姓人家的代表金狗。小说一开始就交代了金狗的出生和少年时期的成长事迹。在简述了金狗早年的成长之后,小说从其当兵回来开始说起,重点讲述了金狗组织河运队、金狗考记者、金狗当了州报的记者,直到叙述最后和巩家决战身陷囹圄。小说在金狗的成长历史中,穿插了小水的第一次出嫁、雷大空做生意发大财和对巩家的算计、田家组织纪念碑落成仪式及关福运被熊咬死、石华为救金狗对高官的性贿赂等。这些叙述被穿插在金狗的成长历史中,对金狗的人生经历主要起到补充和说明的作用。《浮躁》以金狗作为整个故事的主线,尽管作家采用了第三人称的中立化叙事,但显然又是站在金狗的立场叙述,尤其是关于金狗当记者以后的经历,以及对其内心的描述,带有明显的自叙性,而且也基本上限定在一个线性的故事逻辑中。正如谢有顺在《通往小说的途中——我所理解的五个关键词》一文里所评述的那样"故事必须遵循时间的逻辑,而且这是一种线性逻辑,偶尔的中断、反复也都是有迹可寻的。故事的舞台被严格约定在一个空间结构里,人物的出现,情节的发展,均受空间的约束"。

从小说叙事学的角度,短篇小说有利于表现人物的生命片段,尽管有的短篇小说也可以在有限的篇幅内表现出人物的成长史,但长篇小说显然更有利于表现中心人物的成长史,人物复杂多变的命运历程,需要长篇小说来衍述和铺展。反过来说,长篇小说充分的篇幅也有利于展现人物复杂多变的命运历程,并将人物的性格充分地丰富,将人物历史和生命的"过程"呈现出来。《浮躁》不但利用长篇小说的"长时段",充分表现了主人公金狗曲折跌宕的生命历程;作家也用充裕的笔墨展现与中心人物相关的人物的命运变迁,如关福运、雷大空这些人物也在叙述中得以展示自己的从生到死的悲剧人生;同时作家也有充裕的笔墨借助这一人物对风土人情,以及时代背景及其变迁进行充分表现。小说中甚至还有些游离性的笔墨,诸如情节和风情的带有自性的描写,也都可以在长篇小说中借助中性的第三者立场叙事来实现,如下卷中叙述白石寨举行烈士纪念碑典礼,在清理城门口集市的情节中,作者就"走神"地叙述了商州集市的风俗和有趣的风情。甚至可以借神秘的观察人的角色,来谈论带有作者主观特点的对于时事政治的评价。不过,贾平凹在叙述风俗民情的时候,虽有的时候叙述"走神",但却不会走得太远,他总是适时地回归主线和叙述逻辑。就如对于白石寨集市风俗的描写,他不但及时收回笔墨,而且不失时机地让主人公金狗出现在叙述视野中,从而造成金狗观察集市的印象。

《浮躁》的成长叙事,对建构起主要人物金狗的性格起到了至关重要的作用。因为正是在这样的"长时段"中,金狗的个性特征在他的连续不断的复仇行动中得以昭显。金狗生命的每一个阶段,都既是他人生经验的积累,也是他对复仇的不断尝试,当然也是他人格的逐步成长。

可以说,主人公金狗的成长史也同时是一部社会发展史。贾平凹借助这个人物,展现了中国社会历史由神话时代向现代社会,由家族专权走向人心"浮躁"时代的历史变迁。作者有着强烈的社会历史冲动和充当历史书记官的角色意识,通过金狗的成长,描述了一个相对完整的中国社会历史和生动的历史细节。

二元对立与冲突模式

这种现实主义人物成长史的叙述也影响着《浮躁》的结构形式。现实主义小说强调在矛盾冲突中塑造人物性格展现人物命运。为了凸显中心人物金狗的性格特征,《浮躁》在情节线索的设置上采用了二元对立式的双线多层次相互对照的叙述结构。

冲突是包含着对立双方的较量和矛盾解决的一种完整的运动形式。中国古典的叙事方式是一种二元对立的思维和叙述的模式。这种叙事方式被革命文学所继承,用以表现激烈阶级斗争中两个阵营之间的斗争。贾平凹出身于乡村,深受中国传统文化和文学的叙事方式的影响;在他成长的年代,革命文化和文学的单纯思维所给予他的从一般意义上来说仍然是古典思维模式的强化。《浮躁》写作于20世纪80年代中期,当时正盛行的带有革命现实主义痕迹的小说叙述方式,贾平凹在写作《浮躁》时就赓续了他早期、当然也是当时小说潮流中的二元对立叙事模式。但是贾平凹如"五四"一代作家一样,他们将传统的二元对立叙述模式加以改进和运用,用来表现人的冲突以及在冲突中所爆发的人格光辉。

在《浮躁》中,贾平凹设置了两组相互对立的叙事线索。一组是田家和巩家的矛盾;另外一组是田、巩两家和杂姓人家的斗争。在两组矛盾中以田、巩两家的矛盾为次要，也是背景线索；而以田、巩两家和杂姓人家之间的斗争为主要，也是前台线索。而在后一个线索中，主要将杂姓人家子弟的复仇推到前台，展示杂姓人家的代表人物金狗的斗争历程。在叙述杂姓人家的时候，则设置金狗和雷大空这两个相互差别的人物，并在叙事上形成了一个金狗和雷大空平行的线索。因为金狗是杂姓人家的代表性人物，因此，整个故事实际就是金狗与田、巩两家之间的矛盾冲突。

冲突不仅是戏剧而且是传统现实主义小说的重要特征之一，它是创作过程中贯穿故事始终的"方向标""指挥棒"，它是一个"建立冲突—展开冲突—解决冲突"的过程。小说《浮躁》建构了一个完整的冲突过程：冲突发生于田、巩两家在革命中所建立起来的家族式政治统治及其对杂姓人家的压抑；冲突展开于金狗及其杂姓兄弟一次次对田、巩两家所发起的攻击；而冲突的解决则以金狗的失败而告终。在整个过程中，金狗作为平（贫）民子弟，他的复仇的意志、不屈而智慧的性格都得以充分展现。

虽然说《浮躁》的结构是一种二元对立的模式，但其中的田中正尤其是金狗的性格却是复杂的，可称之为"圆形人格"。新时期的审美理论，于20世纪80年代中期正在从单纯的二元对立理论走向圆形人物性格的塑造。古典时代单面人格模式正在受到摒弃，贾平凹小说的叙述模式虽然是善恶两极的，但人物却具有复杂的圆形人格的特征。小说中的反面人物田中正，作为一个当权的家族人物，其人格中存在着卑鄙堕落的一面；但是他对杂姓人家中的如小水、金狗的提携，虽带有利用和拉拢的成分，但也有报恩的部分。再如田家因讨好省军区司令员，导致参与猎熊的关福运的死亡；其后，乡长田中正在给小水送慰问费的过程中也表现得极为愧疚。这显示了他内心向善的一面，他也并不是心狠手辣恶到极致的"坏人"。而在塑造金狗的时候，同样可以看到，金狗在"向上爬"和复仇的过程中，假意与英英恋爱，这种不择手段的于连式方式，也造成了其人格的瑕疵，但却同样恰好表现了金狗人格的复杂性。

在我国古典文学中，典型环境中的典型人物塑造一直是其重要特点，如《水浒传》中的李逵，《三国演义》中的张飞，《红楼梦》中的贾宝玉、林黛玉，都可以作为某种典型性格的代表，体现了一种人物典型化的创作手法，也是古典小说中人物塑造的主要方式。但在现代小说创作中，人物性格丰富化、全面性的圆形人物是一直受到推崇的，重视人物的思想发展、心理矛盾及随环境的变化而性格流变成为一种趋势。在贾平凹的早期创作中,塑造的也多是此种人物,如《浮躁》中的金狗、雷大空、小水等,都是随着事件发展而不断深化的人物形象。这种对圆形人格的审美追求,直到《秦腔》才发生了变化:小说《秦腔》完全看不到早期的性格变化和多重性,所有的人物都固定了脸谱般的形象,成为一种一以贯之的存在。

他叙角度与作者立场

从小说叙事学的角度看,所有的小说都存在着一个叙述者的问题。《浮躁》的中心人物金狗的成长,以及整个州河的"浮躁"故事也是叙述者讲述的结果。《浮躁》从整体上看存在着一个全知全能的叙述者。"他"洞察小说中所有事件发生的原因和发展的来龙去脉,也清楚所有人物的行动和内心世界。这个叙述者对整个小说的情节发展、人物命运都有着充分的了解和控制。这种超越性的视角,正是传统现实主义叙事所具有的典型特征之一。但是这个叙述者在讲述主人公金狗的故事的时候,则经常发生角色的漂移。尤其是在讲述到金狗当了记者到东阳县采访,以及采访后稿件无法发表,正在这个时候收到英英的来信。在了解到恋人小水的遭遇之后,他叙迅速转换为自叙,用一种自叙的语调叙述了金狗内心的痛苦。同时,这个他叙者,经常扮演着作者的身份,透露出作者的价值立场。《浮躁》中的金狗走出乡村追求自我的经历,与作者作为乡村知识青年的相似性,从而使得在叙述中金狗和作者形象的叠合;而且作者也经常借助金狗的经历表达自己对穷弱人民的同情和自己对现实政治的不满。作者有时甚至把"金狗"这个形象作为自己的动作工具,而当作者意识到他在客观条件下已无法呈现出自己更高层次的思想时,就硬生生地插进了一个神秘的考察人的形象,对中国当今的经济状况大加评论。每当读到这一段时,总感觉作者本人压抑了许久,终于耐不住倾诉的冲动,而从幕后跑到了台前发了一顿长篇大论。这时虚构的文本和人物成了背景,呈现出来的是作者自身,切入主题的视角。于是,《浮躁》里就出现了一个作者的形象。他不但用古典化的语词在叙述,而且对神仙道化之类乡村社会的宿命信仰有着特殊的嗜好。同时,他在小说的开头模仿沈从文《边城》的形式叙述州河及韩文举和小水,其中又有着《红楼梦》的知识背景。《浮躁》受到《红楼梦》的影响是极其明显的,表现在经常于故事中穿插梦境:小说一开始就叙述韩文举做梦重修不静寺,下卷则叙述了老游击队员许飞豹梦见队长田老六修建田老六纪念碑……还有其中的和尚、风水以及凶兆等叙述，都使得整部小说时不时平地刮起股股"妖气"。

《浮躁》的这种以人物为中心讲述成长史，并采用二元对立的结构方式演绎故事，以及作者扮演叙述者并经常自叙的方式，甚至将民间野史、神仙道化与现实政治搅混叙述的手段，在后来的《废都》《高老庄》等长篇小说中继续重演着。从《浮躁》开始，贾平凹告别了早期小说《鸡窝洼人家》式的纯现实政治层面的叙述，而进入现实书写与象征叙述相结合的更带有古典小说特点的现实主义道路。

（原载《学术界》2011 年第 5 期）

积极入世·禅思净化·天地人和

——《浮躁》蕴涵的中国传统文化内涵

赵虹博

改革开放使中国人在经济、思想两个维度发生变化,一是经济的迅速飙升,一是人心追求的逐渐盲目。作为艺术家,其最高目标在于表现他对人间宇宙的感应,发掘最动人的情趣,建构存在之上的艺术世界。

一、儒家仁义大前提对"入世"的推崇

儒家文化对中国人的性格影响最为深远。在孔孟之道"仁""义""礼"道德要求的规范下,中国的政治、经济、文化也随之向一种有秩序、有条理的方向延续。在贾平凹小说中,儒家文化的影响倾向主要体现在对传统乡村文化、个人人格观念等方面。

首先,儒学在中华民族发展中经历着被传承但也被否定的过程。春秋晚期,孔子创立儒家学派。在儒家思想体系中,"仁""己所不欲,勿施于人""性本善""民贵君轻""有教无类"等思想,展现出儒家思想理性的光辉。但是,孔子的"克己复礼",董仲舒的"三纲五常",程朱理学的"存天理,灭人欲"等思想,不可避免地将人引入人性的保守面。

其次,儒学对中国农民思想意识影响具有久远性。中国自古就重农抑商,这使农民在儒家思想影响下阶级、宗族观念浓厚。他们在长期受压迫、受剥削的封建统治中形成了忍气吞声、不怨不怒、受制于人的麻木心态。进入新社会,虽然统治、压迫农民的地主阶级不复存在,但农民在官员面前仍旧表现出自有的卑微感。在农村,种族思想尤为分明,人与人之间的亲疏远近主要体现在血缘、亲缘关系上。在《浮躁》中,仙游川的农民过着纯朴而又贫穷、善良又有幽怨的日子。韩文举是州河上的渡舟人,一生未娶,与无父母的侄女小水相依

为命。他的日子过得逍遥自在,每天只在乎有没有酒喝。当然,作为州河上的"贤人",他仍会告知小水、金狗本村的历史,教他们知书识礼。老画匠以画"看山狗"为业,这个职业不受人尊敬,地位比耕地的农民还低下,他一生忍辱负重地劳作,在武斗中,只会告诫金狗:"人家这个观点,那个观点,咱什么观点都要不得。"老实本分地活着。在两岔镇,也有大人物出现,那就是依靠先辈拼杀坐享江山的田、巩两家后人。由于田老六去世,田家失去大势,只能占据乡村称雄称霸而无力反击对头巩家的嚣张气焰。于是田家成为村里的富足人家,修祠堂,扩家业,分门立户,盖大院房,村里人见了他家人都得低头哈腰。在传统"君权神授""克己复礼"旧观念引导下,老一辈人恪守着他们的传统。

再次,儒家文化提倡的"修身、齐家、治国、平天下""发愤忘食""天行健,君子以自强不息"的积极入世思想得以发扬。金狗作为一个具有叛逆思想的少年,在接受"贤人"教育后,并未被全盘儒化,而是自主寻找人类价值的立足点。他追求自由,敢闯敢干;他毫不畏惧强权,偶尔也会颠覆父父子子的纲常观念。在山村艰辛的生活磨难中,金狗练就了坚强的意志及战胜山村贫困的决心和勇气。他虽是一个农村少年,但心中时常以州河全体人民的利益为根本。他在组织运河队赚钱之后买船继续扩大队伍,吸收没有资本加入运河队的穷人,以达到人人有活干、人人有钱赚的共存状态。他在州城报社时,敢大胆披露东阳县改革漏洞,在发表文章受到领导指责、同事嘲笑后,他一怒将文章投到《人民日报》,使东阳县委进行了改组,县委书记被撤销了党内职务。在金狗的意识里,"贤人"就是要为民请命。

在现实面前,摆出儒家"中庸"的姿态是一种处世方式,但一味妥协,必将导致改革中官员滥用私权。像田中正、蔡大安、田一申之所以在村中欺压百姓,无恶不作,就是因为山民懦弱的不抗争。而金狗的出现,也体现出儒家一种离经叛道、经世致用的思想,要在社会矛盾中寻找理性生存的新途径。

二、佛教禅思大智慧对"浮躁"的净化

西汉末年,印度佛教传入中国,其与中国传统文化紧密结合之后形成了富有中国特色的佛教,对中国文化发展和人民日常生活产生了重要的影响。贾平凹在创作中,也深受佛教思想文化意识的影响,如"写心写意"、"物我同化"、追求"空、淡、净"的观念,表达出深邃的人生境界以至抽象到形而上的追求

层面。①

  首先是佛禅境界的自然环境对"浮躁"的净化。在小说开篇，作者就用冲淡饱满的文字勾勒出具有佛禅意味的商州山景，这种景致犹如中国传统水墨画一般，吸收了佛教空灵的设景制象手法。贾平凹用"黑幽幽的""时显时断景随步移""层层叠叠""深而叵测"等描写，勾画出州河地区一种远处群山逶迤，淡淡云雾笼罩着山峰，山脚下杂树密布，三五户人家错落左右，时而飞出一只看山狗的宁静画面，体现出和谐、清透雅意、意境疏淡之感，让人如临佛境。然而，在小说中，这一平静景象却植根于州河两侧，而州河是一条"古怪的不可捉摸""性情暴戾""全中国的最浮躁不安的河"。这一描写，体现出贾平凹追求佛境清淡与现实"浮躁"形成的对比，这种对比的存在具有客观现实性，它像一条河流，没有什么力量能逆转它流向的执着。在由矛盾织成的现实大网面前，人只能淡且静。

  其次是在和尚与雷大空二人身上寄寓了"静虚"内涵。和尚常常用人们听不懂的佛经劝人向善，教人秉承佛性。他以"青青翠竹，尽是洁身，郁郁黄花，无非般若"来教导州河百姓。和尚能测字算命，得到韩文举、小水、画匠的崇敬，他每次在人们最为虚妄、最为浮躁的情况下出现，以一种"空"的境界开化众生。他说："世事看得太认真，你几时才能立地成佛啊！大凡尘世，一言以蔽之，则一切皆空四字足矣，何必自找那么多烦恼？""世俗之事才是空的，至于佛、法、僧，佛性则是'常、乐、我、净'，是不名为空的"。这体现出作者的一种近佛观，在尘世的纷扰繁杂中，不妨寻找佛性作为自己人生跋涉途中身心的栖息站，"修身养性""净空尘世"是佛徒心灵的安身地。

  和尚是作者正面放置的一位神，而对雷大空一生的叙述，从反面给读者提出了一种思考：在熙攘尘世中，我们应该怎样摆正自己的位置，怎样立身于这个浮躁的大环境中。中国有句俗语"雷声大，雨点小"，而雷大空正是在轰轰烈烈寻找财富的途中炸响的雷声。雷大空的发展走着一条崎岖、坎坷的路。他在多次遭受不幸后看清世事的肤浅，变得铤而走险，心中失去了山民应该具有的质朴、厚道，他开办买空卖空的皮包公司大发横财。然而，他仅仅以"钱"为最终追求目标，以致不顾法律、道德与做人的责任，最终在自设的隐形宝塔之巅

---

① 杨荣荣：《清净本性的迷失与追寻——论〈浮躁〉的佛教精神及其现实意义》，载《重庆交通大学学报(社会科学版)》2007年第6期。

坠落，一生的浮尘落定，只剩"浮丘"的棺材装着空空的皮囊等待安葬。在善恶难定的是非面前，置他于死地的是心中缺少信仰，将"钱""享受""抱负"看得重于生命，甚至失去了清净本性的自我，虽名为大空，却死于"不空"上。

作者在此意喻，佛教并不否定人类创造物质财富和追求物质生活，它只是要求人们不要执迷于物相，沉溺于物欲。

三、道家和谐大背景对"平等"的争取

《浮躁》中，"看山狗"被作为一种神秘化的意象突出在全文中。首先，它生存的神秘区域性，只有州河才有。如果"看山狗"被养在笼子里，它会不吃不喝直至死去。其次，当地人把"看山狗"作为一种神力的象征，作各种图案画在门脑上、屋脊上、"天地神君亲"的牌位左右，这无疑给"看山狗"蒙上了一层神秘的面纱。贾平凹在"商州系列"写作中，也是有意识地加入当地的巫术神语，给文章构造一种具有山村荒蛮、原始、纯朴、本真的色彩。

在金狗生世奇特的叙写中，我们很难将离奇与现实合二为一。戴维·洛奇说"原本是现实主义的叙事中发生了不可能的神奇事件"[①]，而这种对"不可能事件"的叙写，在西方被称为魔幻现实主义。这种创作风格被引入中国，似贾平凹等作家，灵活借鉴《百年孤独》中具有魔幻性、颠覆传统写作的表达手法，巧妙地将魔幻现实主义的隐喻、象征、暗示、荒诞、神化传统、鬼神附体等与中国传统文化相结合，构建了他们自有的艺术特色。贾平凹吸收道家和民间万物有灵的原始宗教传说，将山村迷信与外来魔幻合二为一，在迷信背后蕴藏的却是现实中难以声张的平等性、共生性。如果去除魔幻的笼罩，我们完全可以将这种思想归结到道家神秘的万物有常、相生相克、福祸相生、相互转化的辩证思维中。金狗具有神幻性的出生，并且身上带的胎记极像当地人叫作"看山狗"的鸟，这就将山中神化的物与现实中的人巧妙地联系了起来，使金狗天生就有了一种与众不同的神秘力量。然而，作者在描述金狗生存的状况时，悖反了大众的期许，让他出生在了贫苦、保守、懦弱的画匠家中。金狗在事业、爱情、生活中遭遇到痛苦的选择，在成长的道路上，浸透了他所有亲人与朋友的心血。道家讲求"无为"，金狗就是在豁达、平等、才智的基础上集合了商州山水的灵

---

① 戴维·洛奇：《小说的艺术》，王峻岩等译，作家出版社1997年版，第127页。

气,水里出生,浴五行之气,"金""水"终获平衡。在经历了"船夫—记者—船夫"的过程中,金狗寻找到了他人生的坐标。他的成功并不源于迷信的佑托,而是道家强调的天时地利对人情的潜移默化。

在金狗的成长中,我们看到的是一种自我救赎的精神。任何具有神性依托,任何具有优越条件的人,如果自己沉溺于堕落、不思进取中,最终不仅失去自身的长处,还会失去自我。老子《道德经》中"与腹不为目,去彼取此",就是要求人们"自得、自然"。在改革中,"人人平等"不仅要公认,还要自认。

四、结语

什么是艺术的使命与目标?对具有旺盛而持久创造力的作家贾平凹来说,就是在平凡的生活中寻找神圣。他的作品追求最高的美学境界,佛家的空幻、禅宗的机锋、道家的自然成为他持久的美学风格。生活复杂而坎坷,我们能做的就是在灵魂深处寻找美好的人性。

(原载《新乡学院学报》2011年第2期)

不必为了理解……

——金狗、雷大空论

刘思谦

一

《浮躁》并不是贾平凹最好的作品,但无疑是他迄今为止最重要的作品。他似乎是要赶在自己三十六岁"门槛年"之前对欲罢不能的"商州系列"小说来一个总结,写出了这么一部沉甸甸的人物众多、内容丰富却也多少显得芜杂和沉闷的长篇小说。他写得很吃力,我读起来也不轻松。读着读着总感觉仿佛有一种神奇的地心引力牵引着他紧贴着商州地面一步一步往前走。他可能很想飞但是却时时提醒自己不能飞,他也许并不情愿这样写而又认为必须这样写。那小小的并不怎么可爱的商州竟会有这样的吸引力使得喜欢随心所欲的贾平凹以如此的耐性恪守了严格的写实原则。写实也是"商州系列"小说的总体风貌。我相信这首先是生活本身的力量制约了他。始于1983年的商州之行给他的创作带来了可喜的转机。尽管商州是他的故乡,但是贾平凹却不像是一个思乡心切的游子,而更像是一个风尘仆仆、行色匆匆的考察人。这个考察人手里拿着一份商州地图一个县一个县地走,一个村一个村地看,"所到之处,无一不备受教育和冲动",于是方知自己以前对商州所知太少,于是又二返商州,三返商州,四返商州,并将考察所见不拘形式地写下来,自《商州初录》之后一发而不可收,于是收获了一个相当可观的"商州系列"小说,《浮躁》便是这个系列之集大成者。①

就人物而言,这个系列作品里除了那个令人难忘的现代乡儒韩玄子,最值得注意的便是一组青年农民形象了。他们是农村经济改革中从生活底层最先

---

① 贾平凹:《变革声浪中的思索》,载《十月》1984年第6期。

行动起来的一群,是农村商品经济的先行者。改革之于他们,是人生命运的一个机会也是一次吉凶难卜的冒险和胼手胝足的苦斗。他们感受着并无可奈何地忍受着农村的贫穷和乡下人的屈辱这双重的苦难,当眼前出现了一线有可能改变这苦难命运的希望之光,他们便想试一试不再像他们的祖辈和父辈那样和土坷垃打一辈子交道受一辈子穷,他们想试试看能否改变仿佛是前世注定的"土命"。于是王才磨豆腐、做糕点(《腊月·正月》),禾禾养蚕、打猎、买磨面机(《鸡窝洼人家》),门门撑排贩运木材和猕猴桃(《小月前本》);到了《浮躁》里的金狗和雷大空,便当上了记者和办起了城乡贸易公司。改革之于他们也是一种新的"活法"、新的谋生办法,一种新的行为方式的尝试。从他们这些社会学里称之为"社会行动"的苦斗和尝试中,可以看到改革之深厚的根源和沉重的负担,其中蕴藏着生动的当今中国农村民俗学、文化学、经济学、政治学、心理学内容,反映了变革时期农民心理的嬗变。在这一组农民形象中,金狗和雷大空是最有资格作为他们的代表人物的。这不仅因为他们的行动牵扯面比较广,涉及了政治、经济、新闻、法律领域,各种社会力量在这里纠结、较量,组成了一张交错的、多层次的农村人际关系和文化冲突网络,而且相对来说他们有一段完整的行动过程和对现实的意识。原先在王才、禾禾们意识里模模糊糊的东西,在他们这里则呈现为比较清晰的心理现象。这一切也为文学批评对他们进行社会学或心理学的分析提供了方便。

马克斯·韦伯的社会学理论关于方法的见解有许多可资借鉴。如,唯有"个体"才使有意义的社会行动成为可能。当在社会学系统里涉及一个国家、一个民族、一个公司等社会集团时,它所意味的只是单个个人的现实的或可能的某些社会行动的发展。那么如何把个体社会行动作为社会探讨的出发点?韦伯提出了移情理解说,即通过对行动者的移情联系去理解社会行动,尝试着设想行动者所面临的特定情境下的选择与强制,揭示出他们为什么走了那么一条路,从而达到对特定社会和历史事件的理解。尽管弗兰克·帕金在他的介绍和批评韦伯理论的专著《马克斯·韦伯》里指出了这种方法的一些矛盾,但是这种方法却比较合乎文学的社会学、心理学批评的脾性。尤其当批评所选择的对象是个性化的人物形象时,更不妨拿它来一试。

"一个人不必为了理解恺撒而就是恺撒",这是韦伯的名言。他认为只要我们把恺撒的行为看成是"可理解的动机后果"所致,便可理解他行动的意义。① 现在我也可以说我不必为了理解金狗、雷大空而就是金狗、雷大空。只要我相信他们是生活在商州地区仙游川两岔乡的两个农民的儿子，是处于一定的现实关系和文化背景中的有血有肉有追求有行动的人，他们的一切便是可以理解的。

二

人用行动说明自己也创造自己。萨特所说的"人是自己行动的结果，此外什么也不是"这句话，何尝不可以从人具有主观能动性这一本质特性的角度予以积极的理解呢？黑格尔在他的《美学》里论述了行动与性格的关系，指出人是靠行动把自己和别人区别开来的。我们在理解金狗和雷大空时，印象最深的也是他们的行动。而且这种深刻的印象又不在于他们当了记者发表了一些很有影响的通讯报道和办了什么公司赚了许多的钱等等，而在于他们是怎样干的即他们的行为方式。这种行为方式对金狗来说可以概括为对恶的利用，而对雷大空来说则可以说是以恶抗恶。具体地说，就是金狗巧妙地利用了田、巩两大家族的矛盾走出农村当上了州城日报的记者，然后又通过对这种矛盾的利用使口袋里的记者证充分发挥了作用，终于使田、巩两家两败俱伤；而雷大空则是在商品经济的舞台上不择手段地搞钱，并进而以钱为手段与田、巩两家政治权势竞争。

现在我们理解这两个人物的关键便是他们何以会采取这样的行为方式？回答这个问题的理论前提是确认人作为社会动物其行动必然受到社会的影响和制约。因此我们就得将这两个人物的行动放到他们的社会环境中来看，即对于围绕着他们并促使他们这样行动的社会关系、文化背景进行分析。

田、巩两大家族势力的消长和拉锯式的反复争斗，是仙游川一带政治斗争的基本内容。这是以农民革命为其本质特征的民主革命历史遗留给农村新政权的顽固赘瘤。无论是田老六、田老七还是巩宝山，其发迹的历史和他们的后代由此而混迹于人民政权都类似于绿林好汉的造反起家和山大王的占山为王，带有浓厚的小农经济封建宗教法制色彩。以田有善、田中正为代表的田家和以巩宝山为代表的巩家政治权势，属于韦伯所划分的统治类型中的传统型，是一

---

① 弗兰克·帕金：《马克斯·韦伯》，刘东、谢维和译，四川人民出版社1987年版，第7页。

种垂直隶属性政治。它以封建宗族观念为纽带，一荣俱荣，一损俱损。这种类型的统治要求服从的心理基础是无须论证的天然合理性和由此而来的无条件依从。"传统型的统治建立在对于习惯和古老传统的神圣不可侵犯性的要求之上。这是一种由族长、部落首领之流来行使权力的统治类型。"[①]这种历来如此毋庸置疑的政治派生出来的一个同样历来如此毋庸置疑的观念便是权力万能。田中正、田有善以权谋私的种种恶迹便是以权力万能观念为其心理依据和保护伞的。他们不仅可以张灯结彩地以权"买"房，而且可以明目张胆地以权"买"淫，因为他们手里掌握着救济金、招工表、记者证，甚至还主宰着河运队队长的选票、医疗站承包的人选和"烈士"的称号。雷大空告田中正的状由于没有摸透他们这种家族性的垂直隶属关系的深浅，告到了田中正的靠山田有善那里，结果田中正反倒官升一级，弄得雷大空心灰意懒。这田、巩两家还善于根据政治气候不断换脸谱和手法，使自己的权力打上各种各样的时代流行色。在这方面他们是一点也不缺少敏锐和机灵的。当两岔乡进入经济改革和发展商品经济阶段，他们便迅速抢过改革的旗帜，以权谋私，于是具体化为借改革以营私，把他们那无孔不入的权势的触角伸进了商品经济领域，使经济斗争染上了政治色彩。巩宝山的女婿插手雷大空的城乡贸易公司，后来又搞州深贸易公司；田中正、田有善煞费苦心终于弄到了两张王牌——两岔乡河运队和白石寨城乡贸易公司。于是他又成了"领导农民致富的典型"，你反对他便成为"反对坚持改革的领导干部"。这一点就连政治头脑简单的雷大空也看出来了："完全想压住这些当官的，没想他们倒借我给自己脸上贴金，越爬官越要大了。"

你置身于此还有一种十分突出的文化现象刺激着你的视觉和感知，这就是无处不见的迷信。这里的迷信形式繁多，那个粗通文墨的韩文举，便是州河流域各种迷信仪式的活古董，他那一叶渡船便是一个小小的迷信文化博览所。卜钱、拆字、烧香、算卦、说梦、化缘、诵经、看风水、祭白蛇、敬河神……五花八门，无奇不有，迷信风俗在这里已内化为一种文化心理弥漫其间，成为一种可感可触的心理重压笼罩在州河两岸。作为一种特殊的文化心理氛围，它的宿命色彩和人们积极的现实活动奇妙地结合在一起，改革这一历史运动被染上了一层难以捉摸的神秘色彩。这是怎样一种复杂而又微妙的历史的和心理的奇观

[①] 弗兰克·帕金：《马克斯·韦伯》，刘东、谢维和译，四川人民出版社1987年版，第111—112页。

啊！每当韩文举预感到政策要变，便拿出他那六枚通宝古钱卜算吉凶。雷大空入狱前，韩文举看到两狗对话，七老汉立即想到《说岳全传》岳飞临难前梦到两狗对话是"狱"字必有牢狱之灾。金狗的木排是否一路风顺或能否进城当记者、大空的生意是否兴隆等牵动了许多人的心，人们公开地或默默地为他们祝福，小水连夜给他们赶制了避邪祛灾的红裤腰。这样的迷信心理并非马克思所说的对彼岸世界幸福的幻想，而是在此岸世界寻求幸福、伸手去摘取现实的花果时忐忑不安心理的反应。它与其说是一种宗教信仰，莫如说是一种集体无意识，一种对现实命运的心理寄托。这虽然也是还没有获得自我的人的自我意识，但是在这种非理性的意识里却寄托了强烈的对现实幸福的渴望。他们渴望摆脱贫穷也渴望田中正之流的倒台，而一旦现实生活提供了将这种渴望付诸行动的可能，他们又被神秘的宿命文化心理所纠缠而时时觉得心里不踏实。他们感觉到了自己的软弱无力，也感觉到一种强大的外在于他们的力量在摆布着他们的命运，积极的行动便转而乞求冥冥之中神灵的庇护和保佑。韦伯在分析加尔文教的宿命论教义如何与教徒们极其活跃的经济和社会生活联系在一起时，他的回答是"被救的渴望""在实践中意味着自助者得蒙天助"的信念。两岔乡农民在20世纪80年代变革时期的迷信文化，也是他们在现实的自助行动中蒙得天助的心理反应。

三

作为社会的人总免不了以不同的方式归属于以共同利益为纽带的阶层或群体之中，所谓"物以类聚，人以群分"。金狗的社会行动与州河两岸生活在田、巩两大权势集团夹缝中的杂姓百姓相关联，客观上代表了这些无权无势但竭诚拥护改革的普通农民的利益、愿望和情绪。对此无论是韩文举、小水、七老汉还是金狗本人都无师自通地认识到了。如田中正为了"猎住"金狗这个"不是平地卧的人"，以记者证为诱饵使田英英与他订婚，韩文举立即意识到"田家倒不了，巩家也倒不了，好不容易出了个金狗，金狗也被招安了"。后来金狗毅然与英英退了婚，韩文举等立即与之亲近如故，觉得很是快意。金狗的文章发表在《人民日报》，"参"倒了弄虚作假的东阳县委班子，他们高兴得奔走相告，韩文举说："他们当官的手里有权，金狗手里有记者证，也就是权嘛！""现在看来，金狗真的是不怕田家了，田家、巩家、韩家三家对峙，这不是'三国'时的形势吗"。我们在理解金狗的行动时,切勿忘了他与这一群人的关系。金狗置身于这一社会群体之中,带着他们对于多行不义的权势者的不平和愤慨,也带着他们被压抑已久、束缚已久的自助自救的渴望,登上了州河的政治、经济舞台。

金狗性格中最引人注目的是他的社会意识和政治智慧。他和雷大空都出身卑贱,对于和自己一样贫苦的,甚至是衣食无着、一贫如洗的农民的疾苦有切肤之痛,但是金狗有自觉的使命意识而雷大空则只能说是自发的反抗意识。他意识到了农村和城市、乡下人和"公家人"的差距,并和高加林一样向往城市文明、渴望摆脱农民的屈辱,但是一旦真的走出农村进入城市,城乡生活的差别反倒强化了他的使命意识。他不像高加林那样被城市现代文化所陶醉、所诱惑,恨不能在一个早晨一下子割断与农村的联系,而是时时提醒自己不能忘了"仙游川、两岔乡的村民在那里过的什么日子,他到州城又是来干什么来的"。他希望提高自己的社会地位也希望掌握权力,但他知道权力是达到一定目的的手段,不同的人出于不同的目的会有不同的对权力的运用。所以他又和那个法兰西的小木匠于连不一样。他知道自己所面对的是田中正那样权欲熏心而又诡计多端的人,所以他不能不小心翼翼、谨慎从事,为了效果而仔细斟酌手段。他的"利用矛盾,各个击破"的行为方式是一种清醒的选择,是建立在对田、巩两家本质特性及其相互关系的理性认识之上的自觉的行动。应该承认在某种意义上说正是田中正这样的"死官僚"的顽劣才迫使金狗不得不作出这样的选择,也正是他们的狡猾锻炼了金狗的机智。应该承认金狗是成功了,他做了客观条件许可他做的事,在一定范围内削弱了田、巩两派的势力,打击了他们熏天赫地的气焰,被州河人民誉为"官僚主义的克星"。

然而你丝毫也感觉不到金狗的喜悦之情。他不知道自己是成功了还是失败了,有时他甚至都不知道自己该怎样活人了。困惑和苦闷围绕着他。一方面他继承了二十世纪五十年代先进青年那种义无反顾的行动的果决,一方面却在行动之后产生了对自己的深刻怀疑和不满。这是变革时期有文化的一代农村青年普遍的困惑。他们早已告别了梁生宝、陈雨生式的那种单纯的乐观。贾平凹不失敏锐地从一种时代心态上把握了它并名之曰:浮躁。但浮躁只是一种表层心态,它的深层心理内容是多种文化心理的碰撞在价值观念上的莫衷一是。金狗便是这种矛盾的集合体。金狗的心理结构是多重矛盾的复杂组合。目的的合理性与不得不采取的实用主义手段使他陷入了难以摆脱的耻辱感,他感到了自己人格的分裂。金狗的行为动机中并不排除个人的功利目的,他自己也直言不讳地承认他想赚钱、发财、做官,但他从来没有怀疑过自己行为目的的合理性。然而合理的乃至正义的目标却不得不采取不甚合理和不大光明磊落的手段去实现,即为了效果不得不以牺牲道义上的崇高和人格的尊严为代价,这使他深感痛苦。痛苦的实质在于那种实用主义行为方式中所包含的复杂的道德内涵(如机智中的圆滑、忠诚中的虚伪、谦恭中的讨好奉迎等),与他原来文化心理中农民的道德观念和农民的自尊相冲突。金狗是一个道德感很强、自尊心也很强的人,他的内心深处有一个防守严密而又十分脆弱的心理敏感区,就是他那基于农民的身份和乡村画匠的儿子这双重的自卑而发展起来的农民的自尊。他不允许任何人取笑、侮辱他的父亲和他的出身,他以高傲来对抗高傲,他那高傲的自尊需要凭借道德的支柱来支撑。而在价值观念系统中,最稳定、最难以改变的便是道德观念的心理积淀。金狗最怕失去所谓"山民的质朴",殊不知恰恰是这种抽象的质朴、真诚、善良、仁义等道德使他对自己的道德价值产生了怀疑,因为对恶的利用而产生了与恶合流的忧虑。他一边行动一边为自己、也为雷大空修筑道德的防线,以维持心理的平衡防止道德感情的失重。金狗心理矛盾的另一个层面是理智和情感、认识和行为的矛盾。作为有一定文化水平和人生阅历的新型农村青年,他思想敏锐且具有理性思维能力,由于有了现代文化和城市文明的参照,他能够从自身和围绕着他的那一群人身上意识到农民意识的偏狭,并在理智上要求自己超越农民的局限。然而当他面对五颜六色、喧哗骚乱的现代都市文化,他那原本清峻的理性便显得不够用了。他的理智已不足以在任何情况下驾驭情感和控制行动。一方面,对于都市文化既向往又厌恶的矛盾心理加重了他农民意识的惰性,使他在理智上要求对农民意识的超越而在情感上却表现为难以割舍的眷恋。另一方面,婚恋心理上的游移不定和灵与肉的分裂,又使他经受着加倍的人格分裂的折磨。他明知英英的求婚在很大程度上出于田中正的政治联姻企图,但却放纵自己以达到报复欲和性欲的双重满足。他知道自己真正爱恋的只有小水,但又在少妇石华那里寻求精神的刺激、情欲的泛滥和肉欲的满足。小说结尾,金狗终于与小水结合而且丢弃了那个得来不易的记者证又回到州河上撑排。他从州河的木排走进州城最终又回到了木排上,这种稍嫌突兀的结构上的循环模式,是贾平凹为他的矛盾重重的主人公所能够寻找到的最好归宿,也是贾平凹自身思想矛盾的反映,一条"机动船"(金狗去州城为他和小水购买机动船代替木排)大约是不足以调和这种深刻的心理冲突和价值困惑的。

四

我认为金狗和雷大空有本质的区别。他们是利害与共、感情相通的异姓兄弟。正如金狗给雷大空写的祭文所说的"咱三人(金狗、大空、小水)苦里结识,同命煎熬,数十年风风雨雨霜露冰霰",共同的命运和一致的行动目标把他们联结在一起,而大体相同的文化心理又使他们在很多方面有着大体相同的心理反应方式。雷大空发迹后,金狗表面上和他拉开了距离,但内心却羡慕他干大事的大气派。他之所以没有也像雷大空那样干,是清醒的理智帮了他的忙。他意识到了雷大空所走的是一条十分危险的路,出于对可能出现的可怕后果的恐惧,他用理智遏制了感情的冲动,并且机敏地在自己与雷大空之间预先设置了戒备。他给雷大空立下的一条戒律便是不能为富不仁,但是雷大空已身不由己地越过了这条警戒线。他办皮包公司越办胆子越大胃口也越大。他用发财的快感来和田中正比阔出气,而出气的快感又进一步刺激了他发财的欲望,他已经顾不得什么仁不仁了,在为达目的而不择手段的道路上越滑越远。然而雷大空毕竟不是资本主义上升时期每一个毛孔都涨满了金钱的魔力的资本家,他无法逃遁已内化为"良心"的道德的自审,捐款、赞助等慷慨义举便是一种道德补偿,他是用巨款在为自己买心理安慰也买政治保险。然而事情的发展有它自己的规律。雷大空用金钱买心理安慰也许能够奏效,而政治保险却未能挽救他的毁灭。正当雷大空自以为他的手段达到圆熟而滴水不漏的时候,事情败露并牵涉金狗,两人双双锒铛入狱,雷大空惨死狱中。金狗说他是"以身躯殉葬时代,以鲜血谱写经验"。他就这样走完了自己奇特的,令人不知是怜是恨、是该敬重还是该鄙视、是悲剧还是闹剧的一生,他的生命短暂的爆发,在一瞬间汇集了混合着美和丑、善和恶、真和假等等多色光谱,像一颗转眼便消失的小小的流星。当人们记起它的时候,留在印象里的只是它划过夜空时那一道刺眼的光波。

理解雷大空办皮包公司发迹这一社会行动,是理解他何以会走了这样一条人生道路的关键。这是他的顶峰,也是他下滑的起点。应该看到这也是雷大空自己的一种选择。那么他为什么会作出这样的选择呢？我们不会忘记雷大空身上那种强烈的抗争意识，他不认命不服输，在田中正这样的权贵面前他没有奴颜和媚骨，而是时时想着怎样摆脱他的手掌心并进而压他一头。他精力充沛，身上积攒了太多的被压抑的能量，随时都在寻找机会把它们释放出来。这样的人在农村由自然经济向商品经济转变的时候必然会很快行动起来，而行动又使他很快领悟了金钱的力量，他认识到自己想靠告状扳倒田中正的愚蠢，也认识到过去卖老鼠药、贩银圆、撑木排、做小生意是太老实了。他要赚大钱、发大财，"经济上先压倒他田家再说"。他对金狗说："我是无职无权的人，要不被人欺负，就得去赚一笔大钱"，"官场上你倾轧我、我倾轧你才能当官，你起早贪黑看书写文章来作记者，我有什么，我不这样，怎么出人头地？"这是雷大空的金钱价值观，他意识到了金钱对于他的特别意义。这也许无可厚非，问题在于怎样赚钱怎样发财，在于获取金钱的手段。如果说金狗为目的而认真选择手段，那么雷大空这时就是为目的而不择手段；如果说金狗是事前顾及后果，那么雷大空现在则是明知后果不会太好也无所顾忌了。对这种冒险行为，金狗说是"可敬你虽明知是火，飞蛾偏要赴焰"，可敬倒不见得，飞蛾扑火式的莽撞和愚妄倒是真的。雷大空这样做自有他的思想逻辑。他说"这都是向社会学习得来的啊"，这是他的自我辩解，也是他所能够意识到的理由，而这理由后面的深层心理却是他所没有意识到的，这就是农民意识中的绝对平均主义。雷大空便是被这种潜化在他无意识深层的破坏性很大的文化心理支配着作出违法行为。金狗劝他，他说："吃死胆大的，饿死胆小的"，"比起那些当官的拿权的，我倒觉得还清白哩"，"犯法咱和他姓田的一块犯"，"做他个田中正第二"。这是雷大空买空卖空、欺诈行贿的心理症结。你恶我也恶，为什么你能犯法我雷大空就不能?! 他用"比恶"来抗争。他把"王子犯法与庶民同罪"反过来变成了"王子能犯法我也能犯"。以漫长的自然经济为母体的农民革命思想，它所能够提出来的最高理想便是绝对平均主义。所谓"均贫富，等贵贱"，"有福同享，有难同当"，"大块吃肉，大碗喝酒"，以及它的终极目标"夺了鸟位"，等等。我们从中外历史上的农民起义者身上，从那些啸聚山林、劫富济贫的草莽英雄身上，可以看到这种思想观念的心理化、情绪化。雷大空的泄私愤、图痛快、比大胆，他的意气用事和报复心理，还有他的豪爽、义气，以及他剁掉田中正的脚趾头让他只能指手不能画脚的蛮勇，都带有浓厚的草莽气。他的心理结构中积淀了较多的农民起义的文化心理。农村商品经济的兴起客观上为释放这种心理能量提供了市场,这是历史的幸事抑或是历史的不幸?也许改革这一历史运动本身就包含了这样一种奇特的内容?怎样认识农民和农民意识在社会主义商品经济中的地位和作用?这些重大的理论问题,已由雷大空(还有《古船》中的田壮林、《焦大轮子》中的焦炳和、《丁大棍子》中的丁富海等)这些小说人物的出现而摆在了我们面前。

  文化人类学认为人是文化人,但文化人不等于文明人。文明是人类统制自己原来的与基本的惰性的能力,是内在惰性的教化,是人类体现自己内在精神的进步程度和开化状态。文化冲突就其实质来说是文明与愚昧的较量,文化心理冲突就其实质来说是文明与愚昧的心理交战。金狗与雷大空作为文化人处在相同的文化背景中又都具有农民文化心理积淀,然而他们二人的文明层次不同。金狗在两种文化心理冲突中认识到农民意识的局限而努力去控制它,尽管他还没有实现对农民意识的自觉超越,然而在经受着心理蜕变的内心阵痛中他的理性在苏醒,我们对他的前景是可以持乐观态度的。而雷大空虽然在当了经理后穿上了西装出入高级宾馆、饭店、舞场,但其文化心理仍处在较低的文明层次。他的理性王国还在半沉睡中。他的原本是合理的抗争带有很大的自发性、盲目性,而他的极其有限的理性还不足以驾驭他的心理的惰性和野性。他不自觉地被农民文化心理中的劣质基因所驱使,在20世纪80年代的农村商品经济舞台上重复了阿Q式的"中兴"和"革命"。聪明的作者根据他的行为逻辑和心理逻辑,使他暴死狱中并以他的死昭示出某种一言难尽的历史教训。他被巩宝山的女婿为灭口而惨杀。他死于自身的愚莽也死于田、巩两大权力集团的明争暗斗,死于邪恶的权势者的歹毒。这就使我们由他的死而想到农民的历史局限性的时候,很难保持一种超然的和冷静的客观态度。唉,雷大空啊雷大空,不管怎么说,你是令人难忘的也是让人同情的。愿你安息!

(原载《当代作家评论》1988年第1期)

"前现代"与"后现代"的奇妙拼贴

——贾平凹《浮躁》新探

范家进

新中国成立以来的乡村题材文学作品在量与质、"共时批评"与"历时批评"之间一直处于极不均衡的状态,一些轰动一时的作家作品还未等历史老人转过身子就早已成了过眼云烟、明日黄花。进入20世纪80年代后,情形有所改善,但很难说得到了实质性的扭转。现代文学奠基人鲁迅所开辟的乡村小说传统一直处在断弦难续的境地。一些困惑阻挠着二三十年代以来严肃中国作家的根本问题,至今仍在深深困惑阻挠着八九十年代的我国作家,诸如如何直面自己的乡村经验、感受与情感,如何用浸润着现代哲学文化意识的审美观来理解、整合、审视观照这份感受与经验,又如何用"外不后世界之思潮,内弗失固有之血脉"的现代艺术形式加以表达,等等。重读热点作家贾平凹80年代一部也曾产生较大反响,并在美国得过一个奖的长篇小说《浮躁》,我更加深切地感受到了这一点。

一、"前现代化"中的乡间儿女

中国的地域实在是广阔,中国城乡之间差异实在是过于悬殊,久居都市地区的人对于广大的乡村,对于生活在从东到西、从北到南各个大山皱褶里的乡土居民,知道的是太少太少了,隔膜是太深太深了。鲁迅当年就发现过他与闰土之间的那道厚厚的"障壁",如今的城里人和乡下人似乎也还各自生活在那堵高墙的两边,互相难以知道对方的消息。而乡里出生、又在"故乡的山石、明月"间挣扎了十九年的贾平凹初登文坛时是以善于描写偏远地区乡间儿女的生死爱恨见长的,加以文笔的幽柔清丽,很快给文学界带来了一片崭新的风景。他的"商州系列"小说、散文进一步确立了他的个人写作风格,并使他在国内外频频获奖。《浮躁》是"商州系列"中篇幅最长、作者企图用来"总结我以前创作"的作品，读者也有理由对它怀更高的期待。但是很遗憾，贾平凹基本上是在重复自己此前一些中篇小说的意蕴和笔法，而既然是用长篇的规模与形式来写中篇已经表达的东西，便只能使这部作品显得更为芜杂、更为臃肿、更多水分。尽管如此，倘若我们能仔细拨开作者有意披拂上去的藤条枝蔓，透过他精心制作的迷彩与云影，我们还是能领略到来自遥远的州河与山地的明月清风，感触大山皱褶里的居民活泼泼的感情起伏与心灵跃动以及他们所生存与挣扎的贫困、简朴、初级、原始，并有着诸多缺陷的自然环境与社会环境。

打开《浮躁》，我们就可以看到：州河是躁动而不安的，大山是浑莽而坚韧的，那里的居民也和这个世界上其他地方的居民一样，有着自己的生命冲动、生活愿望、谋生方式，也遭遇到种种先天的或人为的、自然的或社会的阻碍、约束与压抑。会有那么个叫"金狗"的人，因为有一定的文化（好像读过初中），又走出大山到部队里去锻炼了几年，等到退伍返乡后就不那么安分了，就不再乐于按部就班地照父辈的方式继续在土里刨食了，于是在村里——取个漂亮点的名字，叫"仙游川"吧——拉起几个人组建起河运队，用木排和小木船在州河上下从事起贩运工作。因为勤劳刻苦，脑子也蛮灵活，慢慢地赚了些钱，在村里颇有了些地位。忽然被乡干部看中，把他的河运队改为由乡里领导、乡政府坐收些渔利，金狗他们也乐得有个靠山，况且有了乡一级的名目，做起生意来远比自发组建的要名正言顺些、安全些。渐渐地他有点像当年撑船进城的航船七斤那样，颇有点不把自己的村里老乡放在眼里了，甚至把幼时就青梅竹马、又善良纯朴得像菩萨的村里对象——就姑且叫她"小水"吧——一脚踹开，另攀高枝，要做镇上某个乡干部的东床快婿，借以结成新的政治经济联姻（那新娘或者就叫她"英英"），由此演出一场新时代的见异思迁、"嫌贫爱富"的乡村儿女悲喜剧。又会有那么一位"流氓无产者"式的乡村青年，就叫他"雷大空"，赤条条来去无牵挂，无父无母，无妻无子，很早就一个人外出游荡，甚至结交了些不三不四的城乡闲杂人士，适逢经济改革，风云际会，人才辈出，他勾结官府，行贿受贿，目无法纪，胆大妄为，摇身一变，很快便是个西装革履、小车进出的州、县级大款——然而终于事发东窗，阴谋败露，转眼就锒铛入狱，不名一文；而当初因得了好处而一意宣传扶植他的官场人物即刻"大义灭亲"，倒打一耙，落井下石，恨不得置之死地而后快……这样的诸式人与事在改革中的八九十年代的中国大概是无论何时何地、或城或乡，都在不停地发生着的吧？在此过程中展示的自然环境的恶劣简陋、经济技术水平的原始初级、劳动者素质的蒙昧低下、社会组织管理方式的专制、混乱、芜杂等等，都无可争辩地显示出整个《浮躁》的故事是在"前现代化"（或"前工业化"）社会背景下展开的。君不见在作品的结束部分，被作者用尽各式手段烘托得扑朔迷离、神秘兮兮而又暗示着无限希望的细节，不就是金狗历经繁华，由城返乡，正外出求购一条机动船，要在州河上重建他的河运队么？古老的州河及其两岸的居民，要在此后才能受到机器的震撼，这未免有点令人沮丧和泄气。

二、"后现代"的艺术手段？

人生要去认认真真地直面它真也不太容易，更何况是面对如此简陋质朴、充满缺陷的大山里的人生？在都市里享受久了现代物质文明的作者尽管也"季季归里"，但那种走马观花以至"衣锦还乡"式的调查采访，除了让他知道更多的极其先进的极其落后的各式故事以外，是不可能使他对那片土地上的普通居民的普通日常生活与日常心理有多方位多层次的深入细致的理解与感悟的，因而也无法使他从寻寻常常的乡间儿女当中发现更多的符合他艺术目的的诗意。既然向人物内心深处开掘诗意的路子是贾平凹不愿意或不习惯走的，那么就只能走描山画水（他的写景确是极有魅力的）、搜集异闻、编织故事、烘托气氛等为他已走熟的老路，又因为这是长篇，人物关系当然需要更庞杂曲折、故事也要更带传奇色彩，气氛尤其要制造得神秘莫测，"神龙见首不见尾"。仿佛不如此就构不成贾平凹心目中的长篇。

于是，我们看到了一大串无法按常情、按逻辑去理解的人物性格及其相互关系，姑且不说金狗与雷大空的故事是如何被硬性捏合在一起（两个人物的性格之间几乎不曾发生什么相互影响，但光写一个人又不够一部长篇的量），也姑且不提各式人物是如何走马灯似的上上下下（有的在作品开头不久就死去，如陆翠翠；有的直到快结束时以致最后一章才影子似的上场晃了一下又退去，如曾在当年游击队里喂过马的马夫，最后与金狗一同成为"州河三件宝"的银狮、梅花鹿），而又几乎没有一个人物的家庭是完整的，要么是"赤条条来去无牵挂"的孤儿，要么是打一辈子光棍的老汉，要么没有兄弟姐妹，要么没有父亲或母亲（这样可以省去很多家庭日常生活的描写）……单是一个金狗，就足以让我们寻常智力的读者如坠五里雾中了。从年龄推算，他是新中国成立以后出生的，然而却有着传奇小说般的出生方式："金狗母身孕时，在州河板桥上淘米，传说被水鬼拉入水中，村人闻讯赶来，母已死，米筛里有一婴儿，随母尸在桥墩下回水区漂浮；人将婴儿捞起，母尸沉，打捞四十里未见踪影。"既然是这么个半神半人的奇人，那么以后的性格与命运大概就没法按人间常情去看待了。他本来是一心指望河运队来发财，并把村里、乡里的各式威风人物一个个压下去的，可一旦乡政府来合并且安插心腹人物弄钱夺权，金狗却忽然立地成佛，比出家的或道庄隐士都要超脱恬淡，对权呀钱呀竟丝毫无所介怀。他本来只是一个初中文化，在部队里干过点宣传工作的"乡村知青"可不仅天缘凑巧，一步登天，一下子招了工提了干，成为赫赫州城报社的正式编辑记者；更让人目瞪口呆的是，就这么一位小小的记者，竟神灵附体般的成了下自乡党委书记起，上直至省军区司令员的各级官僚主义干部的"克星"，不但凭他那么一支笔参倒了两个县委书记、一个地区行署专员，使军区司令挨批评，还具有通天本领，第一次外出采访写下的稿子就能被《人民日报》当作高级内参发表，以至惊动中央为此专门下发了一个红头文件！这还不把地、县、乡各级官员吓得屁滚尿流，一个个都对他敬若神明？威严无比、权力无边的各级官员都怕他、敬他、防他，区区女人更不在话下，他还未曾去州城任记者，乡书记的侄女儿就来主动向他奉献"处女宝"了；当上记者没几天，一个名叫石华的艳丽风骚的城市少妇就以时时和他偷情睡觉为荣，甚至当他出事后不惜以自己的色相去省城为他说情，终于使金狗化险为夷，安然出狱……男人一有出息，各种女人便纷纷来趋奉，我们仿佛看了同一作者后来《废都》里男人女人关系模式的雏形。但就是这么一位强悍无比、无所不能的英雄金狗，却又时不时地浑身发软，倒在地上，半天不省人事，比如抓到一个流氓痛打一顿又放他走时，收到乡下未婚妻痛骂他忘恩负义的来信时，与三朋四友一起痛饮了几杯酒时。这倒是比较讨巧的安排，否则，假如使他的心智都醒着，又如何解释自己种种荒诞离奇行为的内在心理依据与前后逻辑？

作品中的其他人物也是经常醉倒（或因伤心而昏倒），"半天不省人事"的。此外，地形山势的神奇怪诞特征，乡民们对于宿命、鬼神的恭敬迷信，不静冈和尚的时时冒出几句佛经，吐出几句天启式的谶言，韩文举的时不时哗啦啦排出六枚锈迹斑斑的古铜钱来算卦，阴阳师的预卜未来，以及其他人物常常前后判若两人的言行举止,等等,都一同渲染出这部作品扑朔迷离、如梦似幻的特征,大大加深了它的非人间性、非现实性。据说,反理性、非逻辑、大幅度跳跃、魔幻、神秘、超常规、悖常情等等,都是"后现代"艺术的基本特征。《浮躁》中所运用的手法让人无以名之,就姑且也称之为"后现代"吧。于是,"前现代"社会乡间儿女充满匮乏、充满局限甚至弥漫着痛苦、焦灼、不幸与悲哀的现实人生在"后现代"艺术的包装下显得似真似幻、朦朦胧胧、似是而非、似非而是,艺术果真起到了弥补现实人生缺憾的作用。

三、传统文人角色的巨大诱惑

从作者一些自传性的散文来看,他在童年、少年阶段以至青春早期都吃过不少苦。聚族而居的大家族里的缺衣少食、纷争叫骂,自己在返乡劳动后所受的种种艰辛与屈辱,以至有文名后与父亲一起为兄弟姐妹的户口与工作而奔走,都不能不在他敏感多思的灵魂里烙下深刻的创伤。尤其作为一个乡村底层出身而后到城里求学谋生的作家,对于等级森严、长官万能的社会体制,对于城乡二元分割带来的种种隔膜、匮乏与歧视,对于改革开放以后出现的变本加厉的官场腐败、乡村百姓入城谋生的艰难,他一定比其他同辈的都市作家有着更丰富具体的感受与体验,因而心灵与情感也更容易趋于愤激、焦虑、无奈与急躁,就像他在该作序言之二中所言:"写《浮躁》,作者亦浮躁呀!"确实,一个作家只要具备了相对开阔的眼界,拥有了一定的正义感或是非心,还没有被职业文学活动磨去了普通人的喜怒哀乐,对社会与未来还怀抱一定的期望,那么,对于新旧交替时期在自己周围发生的种种与自己心愿背道而驰的政治、经济、文化及世道人心方面的弊端,就不能不时时产生一种置身荒漠里的无边重压感。因为这种刺激与压力太普遍、太沉重、太持久,性格软弱些的人便不太经受得住,渐渐地甚至是不知不觉地要回避矛盾重重、弊端百出的现实人生,转而到幻想中去寻求解决矛盾的途径与方法,以期得到幻觉中的"胜利"和心灵的片刻松弛。在我看来,写《浮躁》的贾平凹就是如此。他给主人公设计了一个类似于传统白话小说中"家族复仇"的情节模式,让一个普通乡村青年与也是本村出生、如今却遍布省、地区、县、乡四级政府的田、巩两家各式官员之间展开斗法,而且偏偏是这个乡里出生、如今只在州城报社当个小小记者的金狗大显神威,几乎把大到省军区司令,小到乡党委书记的两姓官员玩弄于股掌之上，让他们出尽了洋相，丢尽了面子，以至挨批评，受处分，降职位，丢乌纱……这诚然是痛快极了，威风极了，而且相信作者在设计这些情节时也充满了快感与得意，充分实现了他通过幻觉与艺术来"复仇"与泄愤的需要。然而，倘若各级官员都真像作者笔下的那么愚蠢、颠顸、笨拙、可笑、无能（该作中的所有官场人物，无论是性格还是他们的行为细节，几乎都没有写出任何新意），包括贾平凹在内的有正义感的作家们从生活中受到的刺激与压抑也许就不会那么深、那么广、那么久了吧！

系统探讨贾平凹的创作道路及其出现的内在外在背景并非本文的任务，但是，之所以出现这么一部作为"商州系列"集大成者的《浮躁》，当然不是偶然的。简单说来，有着种种复杂背景的各式奖励、至少不太负责任的批评以及作者本人所耽溺的传统艺术思维与手法都在一定程度上阻碍着他向更高层次的艺术高度、广度与深度迈进。鉴于长期以来中国文学对流行意识形态的依附性，真正严格的艺术标准在公开设立的各式评奖中所占的比重是很值得怀疑的。对于一个乡村出身、人生阅历不广、文化视野也相对不够开阔的青年作者来说，在初登文坛、渴求社会承认之际，很容易对被各式传媒大肆宣传的这类评奖丧失必要的警惕与戒心，以致在初尝甜头以后有意识或无意识地将这种评奖要求当作自己创作的导向与指针，由此造成一种评奖与获奖双方都可不断互利的"正向反馈"或"良性循环"。中国的文学批评又是那么的芜杂与不成熟，不少批评者根本就缺乏起码的独立思考能力与最基本的艺术鉴赏眼光，只是追随流行意识形态及其控制下的大众传媒发生些愚妄的欢呼与漫无边际的吹捧，这也不能不助长作家的虚荣心，把他们进一步推向关于自我、社会、历史与艺术的幻觉与迷误当中，至于对中国传统文艺思维与技法的偏爱和有意识借鉴，更是贾平凹所一再自豪地公开表白过的。这固然使他的创作呈现出二十世纪五六十年代作品所未曾有过的崭新文笔与格调，在一定程度上激活了古典艺术的当代生命，但过多地认同古典传奇小说与笔记小说中对万事万物及诸式人生的"物我静观"态度，一味欣赏与效法那种"散点透视"的叙述方法（就我已经读过的贾氏小说来看，就没有一篇采用过他所说的西洋的"焦点透视"，即"限制叙事"），是否又走向了另一个极端，从而构成了对鲁迅等人所开创的新文学与现代小说传统的某种偏离？在我看来，这个传统的核心内容之一在于作者感情上对描写对象的充分投入，把自己也燃烧于其中，但又能站在现代哲学文化与艺术的高度来观照、审视以至超越自我、超越描写对象及主客体间曲折多变的互动关系；而小说技巧方面，限制叙述角度的采用及叙述时空的变化已被公认为中国小说艺术的重大革命[①]，倘若把这一切都笼而统之地目为西方"十九世纪的东西"[②]从而加以拒绝，就难免不导致作家作为一个现代知识分子的立场的缺席，并进而构成与中国传统文人角色的对接、暗合以至完全认同——那才是转型时期中国作家的最大陷阱。仅从已经发生的世纪中国文学历史进程来看，落入这个陷阱而不能自拔的人并非没有先例。

古人云："四十而不惑。"可我们看到，贾平凹在接近和进入四十岁以后，困惑与危机却在逐步加深。它当然不只从《浮躁》始（更早的创作中即已浮现端倪），但《浮躁》分明显示了危机的扩大；到他四十岁推出《废都》时，他内心的困惑与创作道路上的危机已对他发生了严重的警告。本来，他一直是按照既成文学秩序和社会秩序以及其后的价值体系的权威来调整自己的创作的，如今，这些东西本身却都显露了日益醒目的裂隙与倾斜，感受方式、思维方式与艺术方式都已随着大量的创作渐趋定型的这位朴实的农家子弟，又到何处去重新寻找自己为人为文的安身立命之地？

［原载《浙江师大学报（社会科学版）》1996年第6期］

---

① 陈平原：《中国小说叙事模式的转变》，上海人民出版社1988年版。
② 贾平凹：《平凹答问录》，见《商州：说不尽的故事》第4卷，华夏出版社1995年版，第515—537页。

诗意的州人与州城

——《浮躁》的三重审美意蕴解读

刘玉婷　钟思远

作为中国当代乡土文学的重要代表,贾平凹将故乡商州的自然景观与社会风情演绎得淋漓尽致。乡土的成长环境给予他深刻的精神熏陶,农村的人生阅历为他提供了丰富的创作素材。他曾饱含深情地说:"慰藉以这颗灵魂安宁的,在其漫长的二十年里,是门前屋后那重重叠叠的山石,和山石上圆圆的明月"[①],"甚至觉得,我的生命,我的笔命,就是那山溪哩"[②]。可见,贾平凹对故乡的钟爱深入骨髓,商州因此成了其文学创作的基础资源和一以贯之的"母题"。

《浮躁》是贾平凹第一部获得广泛声誉的长篇小说。在贾平凹以商州为背景所创作的众多作品中,《浮躁》通过对州河、州城、州人的全方位书写,首次集中展现了商州独特的社会风貌与人伦情感,呈现了涵盖精神、景观、情感的三重审美意蕴,成了其前期创作的一座里程碑。

一、映射时代的形象美

贾平凹出生于商洛市丹凤县棣花镇,在那里生长生活了十九年。《浮躁》中的州城、州河原型即为商洛和贯穿全市的丹江河。《浮躁》中故事的主要发生地——两岔乡,现实地理上紧邻棣花镇。小说以20世纪80年代的商州农村为书写对象,演绎出一部以金狗、雷大空和韩小水等为主角的草根人物在大时代风云中搏击命运的乡土史诗。

金狗是卑微画匠的儿子,复员后在州河上划排运货为生。他水性好、人豪

---

① 贾平凹:《山石、明月和美中的我——给一位朋友的信的摘录》,载《钟山》1983年第5期。
② 贾平凹:《溪流》,见《做个自在人》,内蒙古教育出版社1998年版,第3页。

爽、胆子大、懂钻营，吃着令人胆战心惊的水上饭，靠着拼劲和运气发了财，后来又机缘巧合，当上了州城报社的记者。记者金狗勇敢揭露改革过程中的不正之风和历史积弊，利用田家派和巩家派的矛盾扳倒了村霸式的基层干部田中正、田有善、巩宝山等人。虽然他因此丢掉了公职，甚至被一起案件牵连入狱，释放后不得不返回州河重吃水上饭，却始终活得生机勃勃。

《浮躁》中的金狗是一个命运抗争者，是80年代商州农村青年人的一个精神标本。这一代中国农村新青年，通过当兵或求学等方式见识了外面的世界，对国家未来发展充满希望。他们希望通过自己的努力改变命运，融入蓬勃的时代大潮。但田中正、田有善、巩宝山一类以权谋私的腐败干部在现实中却极力用卑劣手段压制他们。于是，《浮躁》中金狗的抗争就不仅是对自身命运的不满，更是对不公强权的反抗，是80年代国家改革发展的必然要求。金狗最后重返州河，看似抗争失败，但这个失败是暂时的，更大的抗争和更多金狗似的底层青年正在路上，小说最后的神秘大水和夜空异变即对此作出了象征。

韩小水是《浮躁》中的女主角，命运多舛。她幼时丧父失母，结婚当天夫婿病亡而被扣上"克夫"污名，热恋金狗却被英英横刀夺爱，嫁给老实的福运、生了鸿鹏、开了铁匠铺后却又遭遇横祸，不幸丧夫。如此苦难重重，韩小水却一直不屈不挠、不从俗流。小说中多次出现"她一眼未眨，是菩萨，是保护神""天下只有小水是干净的神啊"这样的描述，一个纯洁女性的形象跃然纸上。贾平凹对这名普通农村女性的塑造格外用心和动情，赞颂她不埋怨、不愤恨，始终真诚地对待生活的坚定姿态，讴歌她发现美、守护美、争取美的善良品行。小说最后，她勇敢地向被释放的金狗示爱，给蒙受坑害的金狗以重生的勇气和温情，极其感人。

与金狗和韩小水相比，雷大空则是时代发展的牺牲品。他以卖鼠药起家，因敢于冒险，一时发迹；后由于触犯地方利益集团，遭到暗害。雷大空在小说中属于反面角色，一般研究者多关注其在时代发展中所表现出的投机钻营、道德败坏等人性之恶。然而，若深入当时社会，就能发现"现实不公"才是雷大空一类小人物悲剧的成因。从雷大空对金狗、小水等朋友的真挚情感可见其善的一面，反证了他不是有意为恶，而是被田中正、巩宝山等真正的恶人所逼，才酿成大错。因此，雷大空的悲剧可谓那个时代生活在基层农村，饱受压迫、奋起抗争却误入歧途、悲惨失败的底层青年的一个生动案例；雷大空是那些在20世纪80年代改革大潮中为改变命运、铤而走险,却不慎走上犯罪道路,不幸枉死的农村底层青年的典型;正如小说中金狗给雷大空所写的祭文中所言:"以身躯殉葬时代,以鲜血谱写经验。"

成功的文学人物形象,都是集美、丑、善、恶于一身,留给读者反思和感叹。从《浮躁》之命名可见,贾平凹是要以商州故事演绎时代风云中人性的躁动和不安,隐喻的是不甘于命运的年轻精神的奋斗与抗争,是善恶美丑、成功失败共存的复杂社会图景。贾平凹书写的不仅是改革政策影响下的两岔乡、白石寨,更饱含着州河两岸的历史沧桑、伦理变化。在审美层次上,主人公们的精神史诗凸显了农村底层青年命运在历史波澜中的浮沉悲辛,讴歌出世道人情的苦乐交集。

二、山灵水秀的景观美

现当代作家笔下的各地乡土,已成为文学史上的系列风景。沈从文笔下的湘西世界,李劼人笔下的川西坝,萧红笔下的呼兰风情,汪曾祺笔下的高邮水乡,陈忠实笔下的关中平原,不胜枚举。贾平凹的独特之处,也在于为读者描绘了一幅美丽的商州山野画卷。纵观贾平凹的作品,从《商州》《土门》《怀念狼》到《带灯》《浮躁》《秦腔》,无不在作品起始便铺陈乡土风光,将读者带入生动的故事场景中去。

《浮躁》的开篇也是如此。小说讲述的主要是发生在州城里的故事,两岔镇是地缘标志。故事发生地的景观被细致描绘出来。两岔镇上的黑漆门面,吊两柄打门铁环,房檐高翘,俨然翼于水上的高瘦屋舍,如在眼前。镇民们以长竹接流,引来清幽山泉的土制自来水管,仿佛铁的环链;直垂河边的石台阶,涌着竹、柳、杨、榆、青桐、梧桐的绿荫;深不可测的山沟村落,声巨如豹、彼起此伏、久而不息的"看山狗"叫声;山岩石台上直上直下、如纱如雾、悬挂的那帘白亮亮的溪水……极其生动的风光描绘,凸显了商州地方的山野之美,也表现了贾平凹真挚的爱乡之情,正如其初登文坛便在《山地笔记·序》中一吐心声:"我是山里人。……我是在门前的山路上爬滚大的;……山养活了我,我也懂得了山。"

此外,《浮躁》中的地理环境又是影响人物性格、气质的重要因素。州河孕育了两岔镇,州河的气质也深深影响着两岔镇的风土民情。《浮躁》序言之一中写道,商州的河流发源于秦岭而归之于长江。它既不类同于北方的河,亦不是所谓南方的河。它的性情古怪得不可捉摸,水流清明而又性情暴戾。它枯时几乎断流,涨时满河满沿,不可一世。于是,作者断言:"我的这条州河便是一条我认为全中国的最浮躁不安的河"。这条"全中国的最浮躁不安的河"恣肆浩荡、奔腾喧嚣,充分渲染了金狗、雷大空"吃水上饭"的艰辛,隐喻了州城的现代意识,也是金狗、雷大空挣脱土地束缚,心理向城市文明倾斜的象征。在此意义上,《浮躁》中的商州风光也就构成了商州故事的文化氛围。

贾平凹"商州系列"作品中的地名有不少都是杜撰的,但《浮躁》中的两岔镇确有其地。它位于作家故乡棣花的上游,是商州的一个乡镇。两岔镇前也确有一条河流经过,是丹江的中游。由此可见,书中的州城即暗指商州城区。

商州是处于秦岭南麓的小城,河围城、山护城,水边即是山、山下绕着水。《浮躁》中诸如"两岸多山;山曲水亦曲,曲到极处,便窝出了一块不大不小的盆地"的描写,将商州的山水风光惟妙惟肖地呈现了出来。在讲述金狗、大空、福运、七老汉吃水上饭的故事时,诸如"州河里水量小,滩就显得多……梭子船十次下行,五次便要出事,船撞在黑石岩上裂为碎片"的描写,又将州河的凶险表现得惊心动魄,映衬了故事中人物抗争命运的不易。

三、淳朴真挚的情感美

《浮躁》中的故事主要发生在州河流经的商州城和周边村镇,贾平凹在创作中并不避讳该地区的落后面貌,将旧势力、小人物的愚昧迷信、偏见恶习秉笔直书、真实描述。比如嫌贫爱富、利用金狗的英英,作威作福、私欲膨胀的田中正,狐假虎威、为虎作伥的蔡大安,这些人都是为自己利益不惜牺牲别人,惯于落井下石的反面人物。然而,整部小说的主旋律还是在于歌颂人与人之间的美好真情。贾平凹对商州城和商州人的情感审美,根本上仍是崇尚淳朴与真挚的。

《浮躁》以三个主要人物,金狗、小水、雷大空之间的爱情、友情,串起了整部小说的感情主线。作为正面人物,金狗与小水爱得铭心刻骨、无怨无悔、感人至深。雷大空虽是作品中的反面人物,但贾平凹在呈现其形象时,仍能保持客观中立的理性态度,不直接议论臧否。从诸多情感事件中,读者不难见出雷大空对待和金狗、小水的友情方面也是真挚的。例如在创办公司成功之后,雷大空邀请小水夫妇加入并给予高薪;在福运遭祸横死后给予小水经济支持、热心照应。对待金狗,雷大空虽不接受其批评,但在金狗事业需要支持时,却慷慨解囊。

不仅对主要人物身上的人性真情描述细致，贾平凹对《浮躁》中一些次要人物的情感表现也很精到。比如金狗在州城里的情人石华，虽着墨不多，却也通过其为金狗申冤的典型情节，展现了她的重情重义、勇敢无畏。

有研究者曾说："如果用树木做比喻，《浮躁》写出的不是仅仅有风姿、有个性的孤立的树，而是写出了树的特征与它的根系、土壤、气候及其他生长环境的联系，从而便写出了它的坚实性和生命力的外延特征。"[①]的确，所有人都是社会人，不可避免与他人发生情感联系，贾平凹在《浮躁》中塑造的一个个人物生活于两岔镇，扎根在州河边，因此养成了独特的性格和情感。金狗、小水、雷大空他们身上无不显现出商州人对友情、爱情、亲情的珍惜和维护。真挚、诚恳、纯洁、忠诚……这些州城人的情感美，始终散发出温暖人心的光辉。

四、结语

贾平凹曾说："《浮躁》是我自己比较喜欢的一部描写商州生活的作品，我试图表现中国当代社会的现实，在高层次的文化审视下概括中国当代社会的时代情绪，力图写出历史阵痛的悲哀与信念。小说写到的仍是我许多作品曾经写过的地方，我希望人们意识到那块土地所蕴藏的意义，企图把这种意义导向对于历史对于传统对于现实的民族生活，对于种种人生方式及社会人性内容的更深刻的醒悟和理解。"[②]该小说的创作动机和思想背景由此可见。而贾平凹将"商州城"和"商州人"作为中国社会特定历史阶段区域标本的创作意图也通过《浮躁》故事内容的呈现充分达成。小说不仅写实了州河两岸的镇寨风景，也表现出一方水土在时代风云中的民情波澜。读者从中所感受到关于城与人的形象美、景观美、情感美，无不透射出贾平凹对故乡深沉的爱。《浮躁》一书也因此继"商州三录"之后完成了对"商州"世界的再次诗意升华。

（原载《赤峰学院学报》2018年第5期）

---

① 费秉勋：《一部成功的长篇——论〈浮躁〉》，见《贾平凹论》，陕西人民出版社2018年版，第127页。
② 张英：《文学传统的继承和创新：贾平凹访谈录》，见《文学的力量：当代著名作家访谈录》，民族出版社2000年版，第153页。

比较研究

中国乡土知识分子的心路历程

——《浮躁》《废都》《高老庄》的精神症候分析

陈国恩　王　俊

在贾平凹的三部长篇小说《浮躁》《废都》《高老庄》中,男主人公的身份大致相同或类似。他们出生于农村,在中国乡土文化的浸淫中长大,与祖祖代代生长在乡村的父辈们相比,他们认同现代文明而不甘愿固守黄土地,总是想离乡出走摆脱黄土地的羁绊,进入城市实现自己作为知识分子的价值。若说他们接受了现代文明的洗礼,可是与现代都市的同龄人相比,他们的身上又更多地带有农民的根性,这使他们还无法完全适应现代都市的生活。我们把这些充满矛盾的人通称为中国乡土知识分子,通过对这一特殊群体内部不同个体的精神症候所做的分析,透视中国乡土知识分子在特定历史时期复杂而又耐人寻味的心路历程。

一、金狗:承载着矛盾的离乡出走

《浮躁》中的金狗是一个典型的中国乡土知识分子形象。他是"不静岗的土著",因"文革"辍学回家,十九岁参军,在营里当通讯干事,成了个握笔杆子的知识分子,只是逢上裁军才复员回乡。在乡下他并不安于做农民,而是"整夜走动","三天两头到白石寨去,到州城里去"。经常与乡人韩文举、雷大空等"扯到国家的事,联合国的事"。尽管与小水有着甜美的爱情,但当有机会走出乡村时,他依然痛苦地舍弃了爱情选择出走,进城做了一名报社的记者。年轻的乡村之子金狗,便成为一个出走的中国乡土知识分子的形象。

乡村之子金狗的离乡出走有着特殊的时空背景。20世纪70年代末80年代初开始的改革开放,不容置疑的以"中国现代化"为终极目的,而我们又把西方的现代化理解为"现代化"的最佳模式。洞开的国门,吸收、借鉴的只能是欧风美雨的现代文明。于1984年开始的城市经济体制改革,促使中国的都市迈向现代化的步伐急剧加快,都市不仅仅凭借自身的历史、地理优势率先沐浴现代文明,而且也逐渐拉大与乡村的差距。在某种程度上,在当下国人的意识里,城市与乡村分别成为现代文明与传统文明的符码与象征,而且似乎有一种共识:前者被想象为先进,后者被指认为落后。

在这样的背景下,年轻的乡村之子应征入伍,第一次离开了家乡。参军五年使金狗见识了外面世界的精彩,领略到有别于乡村故土的都市文明的旖旎风姿,接受了现代文明的洗礼。更为重要的是,绿色军营中的通讯干事成为金狗知识分子身份的标志。五年后的裁员返乡只是年轻的乡村之子的被迫而又无奈的选择。对渴望新型现代生活的乡村青年来说,乡村故土的封闭压抑,几千年停滞不前的生活秩序,缓慢的生活节奏,以田巩两大家族为首的乡村宗法势力,于无形之中造成了对其心灵的禁锢和对其青春的压抑。

尤为重要的是,养育自己的乡村故土,暂时还无法给已经蜕变为知识分子的年轻的乡村之子提供一方能够实现其人生理想和确证他们人生价值的舞台,而已经沐浴现代文明的城市却能够帮助他们实现自己的理想。进入都市对他们来说不仅仅意味着新型的现代生活,而且在他们青春的想象中,都市还能够为其提供一个展现其知识分子价值的平台,这里有着一个有别于乡村父辈头朝黄土背朝天的职业。于是,当真的有这样一个机会可以使他们立足都市实现自己人生价值的时候,不论是贾平凹笔下的金狗,还是路遥笔下的高加林,一面承受着巨大的道德压力,一面却义无反顾地舍弃了爱情选择出走。

金狗走出乡村进城当了报社的记者,他也真的用笔杆子实现了自己作为知识分子的人生价值。他关注农民的疾苦,深入调查利用内参的形式扳倒了弄虚作假坑害老百姓的东阳县委书记。他用自己的文章对"州深有限公司"背后的官权腐败做了大胆的揭露,甚至为此身陷囹圄,并差一点丢命。一种为民请命的职责和义务闪现在作为记者的金狗身上。他不屈于权势,利用自己记者的身份顽强抗衡着田巩两大官僚势力。一股知识分子刚正不阿的气概在他的身上清晰展现。似乎可以从他的身上看到"当官不为民做主,不如回家卖红薯"的传统文化中文人、清官的影子。

金狗进城当了报社的记者,在回答别人自己从前的职业时,坚定地说是

"农民"。连情人石华也在相处久了之后说他还像一个农民。甚至他自己也清醒地意识到"我是一个社会最底层的最无能的农民的儿子"。身为州城报社记者的金狗在都市岗位上实现自己梦寐以求的人生理想和文人价值,确证自己知识分子角色的时候,却对自己所拥有的乡土身份有着如此清醒的体认和刻骨铭心的记忆。这一体认更夹杂着对自我不乡村不都市又乡村又都市的尴尬身份的难以言说的酸楚。这其中更隐含着对自己无法摆脱乡村故土影子完全蜕变为都市知识分子的无奈和痛苦。

进城的金狗在情人石华身上体味到了都市两性关系的旖旎风情,但他始终有着一种负罪的感觉。与有夫之妇石华的情爱关系,使长期浸淫在乡村传统文化中的金狗时时承受着道德的压力。而在他内心深处又常常割舍不下曾经那段与远在乡村的小水之间的忠贞的恋情。如果说石华和小水分别代表着现代都市和传统乡村两种不同的文化、文明体系的话,那么,这两种不同的价值观念在金狗身上时时互相纠缠,让他无法真正完全倾心于其中之一。耐人寻味的是作为两种不同价值观念象征的石华和小水,均在最为关键的时刻对身为中国乡土知识分子的金狗成功地实施了母性般的拯救。小水主动放弃与金狗之间的情感,成全金狗借助与英英之间的恋爱关系进城去做了记者;当金狗身陷囹圄之时,石华靠自己的身体使他重新获得了自由。对于小水,金狗在离乡出走的关键时刻于无奈和痛苦之中将其抛弃;对于石华,进城之后的金狗在品尝到都市现代情爱的甜美之后拒绝她的再次呼唤。一再身体力行为民请命和肩负拯救与启蒙大众苍生的中国乡土知识分子,恰恰被两种自己无法完全认同甚至曾抛弃的文化、文明价值体系的承载者所成功拯救。这其中又蕴涵着怎样复杂而又深刻的意蕴?在还需要别人来拯救的时候,中国乡土知识分子拯救他人之路还能走多远?他们又究竟在多大程度上能真正确证自己身为知识分子的身份?这也许是金狗作为离乡出走的中国乡土知识分子所带给我们的疑虑和问题。

二、庄之蝶:喧闹都市中的精神分裂

金狗在州城的一番历练,使他感悟到自己"主体意识的高扬"和自身"低文明层次的不谐和",于是他选择了离城返乡。有理由认为返回乡间的金狗在提高了低的文明层次之后,必然会再次进城。《废都》里的庄之蝶,出生在潼关乡下,他妻子牛月清曾说他"十年前刚来西京时,是个穷光蛋,一副村相"。但经过十年的"苦苦奋斗",他终于"出人头地"了,跻身西京四大名人之列,成为知名的大作家。相同的出身境遇和人生旅程使我们有理由认为庄之蝶与金狗之间有着精神生命的必然联系。庄之蝶可以视作提高了低的文明层次的金狗的再次进城。功成名就的庄之蝶家有贤妻,生活安逸,地位颇高,结交名流,甚而与西京的市长、市府秘书长也多有联络。

但此时庄之蝶的西京已不再是金狗的州城。城市中拾破烂老人口中的"十等人""十等作家"等政治民谣、顺口溜和社会传闻,展示西京城的喧乱和杂芜。一贯鄙视阿堵物和孔方兄的文人们纷纷下海,都市中两性关系混乱复杂,市长与人大常委会主任之间勾钩斗角抢权夺势。整个小说所反射出的是20世纪90年代处于社会转型期下的中国都市众生喧哗的本相状态。中国乡土知识分子面临的生存环境更加斑驳复杂和艰难险恶。

西京城中的作家庄之蝶无法逃避被喧闹都市涌动的暗流所裹挟的命运。他一只脚也下了海,开了书店办了画廊,还为"101"农药厂撰写广告而获5000元钱。妻子之外,他与三个年轻貌美的女性有着复杂的情爱的纠合。一介文人的他也卷入政治权势的斗争之中。一场与从前恋人的马拉松式的官司搞得他焦头烂额。而庄之蝶的意义就在于此时的他已经成为精神上的分裂者。

庄之蝶精神上的分裂首先呈现为他集迷醉与清醒两种精神状态于一身。《浮躁》中的记者金狗对自己与有夫之妇石华的情爱关系有着清醒的认识,并最终主动退出两人编织的性爱网。《废都》里的庄之蝶已完全沉醉于与有夫之妇阿灿、唐宛儿、家庭保姆柳月旖旎缠绵的性爱之中,并从这些情人身上寻求着精神的慰藉与心灵的抚慰。小说里到处充斥着大段大段他们正常或者变态的性关系的细部描写。在由作家身份而引发的两性纠缠之中,庄之蝶才似乎体认到了自己文人的角色与身份。金狗不屑于为金钱和权势做文章,而庄之蝶已经卖文获利,开店赚钱,鄙视阿堵物和孔方兄的文人传统已经荡然无存。金狗主动抗衡着田巩两大家族官权势力,而庄之蝶却已置身于市长与人大常委会主任之间的权势纠纷。此时的庄之蝶已经完全迷失了自我。但有时候他却极为清醒地意识到自己还是一个知识分子、一个作家。他不止一次地呼喊"我要写书呀!我是作家,我很想静下心来写我的书!"身为知识分子而无法实现自身价值的痛苦、无奈与酸楚溢于言表。他承认"我只会写文章,也只有把文章这活儿作好才是"。他清醒地认识到"我不想做官,我当我的作家,靠我写的文章吃饭"。

这样，一边是迷失于金钱、权势、性爱纠葛中的显得颓废没落的文人庄之蝶，一边又是在清醒的痛苦中渴望去创作作品的作家庄之蝶。一个知识分子的精神世界呈现为两极对立而分裂的状态。前者意味着对文人操守的主动放弃，后者则预示着对知识分子角色身份的苦苦坚守。这样一个精神分裂的知识分子的形象，表征出20世纪90年代中国社会在由计划经济向市场经济转型的过程中对知识分子所造成的强烈冲击。在巨大的冲击下，知识分子面临是放弃自己知识分子角色（下海经商、卷入权势、迷失两性），还是坚守自己知识分子角色（驻守自己的岗位、固守自己的职业）的痛苦而矛盾的两难抉择。

《废都》里出现的会思考的牛，在一定程度上与庄之蝶有着作者有意为之的精神联系和互为补充关系。牛应该就是另外一个庄之蝶。这头来自终南山的牛，同来自潼关的庄之蝶一样均属于"乡下人"。它曾经在伙伴们羡慕的目光中来到西京，现在却清醒地看到"城市是一堆水泥"，"城市正在下陷"，竟然认为"到这个城市来并不是它的荣幸和福分，而简直是悲惨的遭遇和残酷的惩罚"，"后悔到这个城市里来了"。在喧哗的西京城里，他感到的是有着终南山伙伴们所不知的"孤独、寂寞和无可名状的浮躁"。"废都"里的庄之蝶也在说"（功成名就之后）谁知道现在活的这么不轻松！这么大个西京城，于我又有什么关系呢？这里什么是真正属于我的？说了又有谁理解呢？"话语背后是无比的苍凉、孤独和寂寞，灵魂的无所依靠，精神的无所寄托。牛与庄之蝶有着惊人的相似。牛最后离开了西京回到终南山而病逝，庄之蝶则在离开"废都"之际灵魂悄然西去。有理由把牛看作另一个庄之蝶，它是庄之蝶内在精神的某一层面剥离其身体后的曲折变形的呈现。如果说透过庄之蝶的眼睛传达的是知识分子（包括作者）在迷失中的对自我的审视和批判，那么牛则呈现为知识分子对都市文明的刻骨铭心的体察和充满理性的批判，更包含着中国乡土知识分子对自己当初选择进城的深深质疑和反思。作者策略性设置的会思考的牛与作家庄之蝶的关系再一次展示了喧闹都市中的精神分裂者的形象。

金狗在青春浮躁中进城的失败被他自己（实际上是作者）归结为自身低的文明层次和自己高扬的主体意识之间的"不谐和"。而庄之蝶魂失西京城的原因，其好友孟云房作了最好的注解："在这个城市几十年了，并没有现代城市思维，还是整个价的乡下人思维。"尽管孟云房没有对"乡下人思维"作进一步的注解，但是从庄之蝶在一系列事件中的表现，我们依然可以窥视到他身上的

"乡下人思维"。当无辜置身于与以前恋人的官司中的时候,庄之蝶时时处处想到的是对方的处境:她怎么面对丈夫的质询,她怎么面对周围的议论……当有人提议让他承认与对方发生过关系以便确保官司的最终获胜时,他"立即站了起来,脸色却变了","大声斥责你怎么能想出这种主意?咱说话不要说讲责任,起码得有个良心啊!"他还热心地冒充主编钟惟贤的恋人给钟写信,给这位懦弱的老人以最大的精神慰藉,在都市尔虞我诈的游戏规则、冷漠的人情和炎凉的世态面前,庄之蝶的"良心"和"热心"恰恰体现出他的"乡下人思维"。都市人的显在身份,乡下人的隐形思维,又一次昭示出中国乡土知识分子既乡土又都市既不乡土又不都市的尴尬身份。他们与乡村故土割舍不断的联系,在某种程度上也成为他们无法完全融入都市的真正原因。

在提高了低的文明层次之后,中国乡土知识分子不仅仅承担着社会转型所造成的精神分裂的痛苦,而且其特殊的身份又造成他们身份与思维一定程度上的错位。显然在现代都市的舞台上,他们曾经急于要确证自我的知识分子角色的梦想并未实现。都市所提供的实现其人文理想、精英价值的平台只是他们想象中的虚拟。这背后隐藏着中国乡土知识分子对梦寐以求的都市的失望,也于无声处宣告了他们都市之路的失败。需要问的是,当都市之路不通的时候,又在哪里才能找到一块真正属于他们而又能实现他们理想和价值的舞台呢?他们又将会把希望的目光瞄向哪里呢?中国乡土知识分子注定了要再次踏上寻找的旅程。

三、高子路:审视乡土后的再次离去

《高老庄》的高子路,"十五年前,父亲送他到省城去上学"。"他带着高老庄人特有的矮体短腿,在省城读完了大学,也在高老庄男人的矮体短腿的自卑中培养了好学奋斗的性格,成为一位教授"。高子路与庄之蝶都出生在乡下,都经历了从乡村到城市的奋斗之路,并通过自己的奋斗与努力,都在都市中成功地获得了自己梦寐以求的身份和地位,一位是省城大学的教授,一位是西京城里的知名作家。相似的身份境遇,注定了高子路和庄之蝶有着某种相互贯通的精神生命的联系。《废都》里的庄之蝶离开西京出走,《高老庄》的高子路则从省城返回乡下。大学教授高子路可以视作作家庄之蝶的生命的延续和发展。

高子路携第二位妻子西夏返乡参加父亲三周年的祭日,却引起了他(包括西夏)对曾经生长的乡村故土的今人和先祖的审视和考察。如今的高老庄里

处处充满了乡村卑琐的家长里短和纷繁的人情纠葛。晨堂赌博被抓所揭示的乡人与派出所的微妙关系，庆来龌龊的借种事件，南驴伯儿子得得之死引发的家庭矛盾，高子路前妻菊娃与蔡老黑、王文龙的情感纠葛，村人疯狂的毁林事件……人性的丑陋与人格的卑琐一一展示在曾经生活在这片土地上的高子路面前。难怪他对西夏这样表述着对如今乡村故土的印象：高老庄和"《水浒》中的阳谷县一样有着矮人，有着争权夺利的镇政府，有着凶神恶煞的派出所，有着土匪一样的蔡老黑，有着被骂着妓女的苏红，有躺在街上的醉汉，有吵不完的架，有臭气熏天的尿窖子，有苍蝇乱飞的饭店……"这是中国乡土知识分子对生养自己的乡土的成年的审视与关照。童年的和谐美好的人际关系和宁静安逸的生活环境，如今已经荡然无存。这背后传达着中国乡土知识分子对成长记忆中美好家园难以言说的失望。

  高子路和西夏通过对古砖和石碑的考察和辨认，发现了历史上高老庄人的形象。高老庄的先人体格强健，曾团结在一起抵抗过土匪的侵扰，也涌现过显赫的文官武将。而高子路回乡祭祖的潜在意义也在对祖的考察之中得到回应。中国乡土知识分子对自己种族的衍变历史进行了勘认，对自己的祖进行了隐形的审察和体认。在祖的高老庄人的参照下，高子路周围的乡亲父老们显得更加猥琐。曾强健的生命力蜕变得如此的萎缩，种族的退化成为不争的事实，而且高子路和西夏希望在高老庄驻留期间怀上孩子的想法永远没有实现。曾经孕育出强健高老庄先人和大学教授高子路的这片土地却无法延续出生命之种。生活在今天的高老庄的人时时受着被怪病夺去生命的威胁。种的无法正常延续，正常的生命没有健康生长的保证，高老庄的这片土地面临着末世和毁灭的潜在威胁，没有比这更令人感到可怕的了。

  回到高老庄的高子路还逐渐恢复了高老庄人的特有本性。说着高老庄人说的话，做着每个高老庄人所特有的舔饭碗的动作……妻子西夏骂他"你现在是教授！你一回来地地道道成了农民嘛！"，连他自己也不得不承认"我原本就是农民嘛！"一方面中国乡土知识分子深深被掩藏的乡土身份在这里彻底暴露，一方面高老庄的水土对中国乡土知识分子又有着逐渐剥离其文人外衣恢复其乡土身份的功能。前者再次说明中国乡土知识分子从乡土身份到都市知识分子的蜕变的不彻底性，他们永远无法摆脱与乡土的宿命联系。后者则彻底打碎了中国乡土知识分子永远驻留乡村故土的美好幻想。

中国乡土知识分子在审祖审己审他的返乡之旅中，对乡村故土产生的是彻底的失望。这片黄土地已无法安抚他们漂泊无依的灵魂，更不能提供实现其价值理想的空间舞台，带给他们的是对生命的惘惘威胁和末世的宿命。高子路又一次选择了离开，他拜别父亲的坟墓说："爹，我恐怕再也不会回来了！"永远的不归标志着中国乡土知识分子与乡村家园的彻底割裂。再次的出走实际上是中国乡土知识分子从乡村故土的无奈逃亡，也预示着他们对能够实现其人生理想、文人价值和展示其精英角色的舞台空间的再次苦苦追寻。

四、结语

在新时期中国追赶与融入世界的"现代化"进程中，西方所代表的现代文明潮水般涌入，形成了中西文化在各个层面交流与互动的局面。以农业文明为主要价值基础的华夏民族从西方现代文明中吸收新鲜有活力的血液，民族文化的深层结构便在这种交流中发生着从传统到现代的悄悄裂变。中国乡土知识分子就是这一裂变的产物。因而，无论是金狗离乡出走的青春冲动与未涉世事的浮躁，庄之蝶西京城中功成名就后的自我迷失与精神分裂，还是高子路世纪末返乡祭祖之旅中对故土的彻底失望，都在诉说着中国乡土知识分子在特定的时空背景下复杂的精神症候——他们肩负着乡村（更多的是中国传统文化）与都市（更多的混溶着西方现代文明）的双重价值理念，这两种并不同质的文明相互之间的摩擦与碰撞，造成他们精神上无法摆脱的苦与痛；不乡村不都市又乡村又都市的特殊而尴尬的身份，于某种程度上造成他们在一定时期内还无法真正拥有属于自己家园的生存困境；而知识分子的意识已经内化在他们的血液中，无时无刻不在使他们去对自己的角色加以确认，对自己的文人理想、精英价值加以体现，从而也注定了他们所必须面对的一种宿命：永远地行走在一条茫茫无际的追寻之途上。

中国乡土知识分子特殊的身份与人生境遇，一方面展示了这些知识分子追寻自己人生理想和文人价值的艰辛历程，另一方面又折射出在当下中国都市／乡村的二维空间中，中国乡土知识分子存在却不属于都市／乡村的真实处境。

（原载《文艺评论》2004年第5期）

论贾平凹的忧患意识

——以《浮躁》《废都》《高老庄》《怀念狼》为例

张连义

很长时间以来，贾平凹都是一位颇有争议的作家。《废都》的面世，使他遭到很大的非议，而其后的《怀念狼》更是毁誉参半。不过，换一种角度我们就会发现，贾平凹创作中有一条不变的线索，那就是传统文人的忧患意识，而在不同的创作阶段，其忧患意识也呈现出不同的倾向。可以说，忧患意识贯穿于贾平凹的大部分创作。其中，《浮躁》《废都》《高老庄》《怀念狼》是每一阶段的代表性作品，鲜明地表现出其忧患意识逐渐发展的过程。下面，笔者以这四部作品为例，对其忧患意识的发展作一简单梳理。

一、《浮躁》对社会现实的忧虑

贾平凹忧患意识最初的显现应是1987年《浮躁》的发表。作者集中笔力叙写了躁动不安的州河流经的两岔镇仙游川村一个特定时期的历史变迁以及人们思想的冲突与碰撞。躁动不安的州河是社会转型期人们失却价值支撑后浮躁心灵的象征，作家对此的叙写正是其忧患意识的具体呈现。

处于社会转型期的人，一方面是传统的思想道德与价值观念受到强烈的冲击，传统思想中一些腐朽的东西还在他们的思想中起着支配作用；另一方面则是伴随现代文明而来的一些腐朽的东西在引诱、迷惑着人们，不健康的思想在腐蚀着人们。于是，传统中一些落后的东西如家族势力、派系斗争、封建迷信……与现代文明带来的副产品如"拜物"、投机倒把、利己主义……纠合在一起，对人们的思想和价值观念形成强烈的冲击。受传统影响极深的人，既对传统道德留恋恪守，又经不住眼前利益的引诱而跃跃欲试，从而形成了他们躁动不安的灵魂。这既是社会转型时期必须面临的一个痛苦的抉择,也是历史造就的机会与必然。作家凭借敏锐的观察力抓住了这一点。于是,其笔下的人物也就如州河一样有了一颗躁动不安、不甘现状的灵魂。金狗、雷大空更是其中的代表。

雷大空可以说是不甘现状、奋力出人头地的"恶"的代表,金狗可谓是积极进取、努力改造社会的"善"的典型。雷大空在田巩两大势力夹缝中冒险发财,金狗则在田巩两大家族间游弋、搞平衡。但当田巩两家两败俱伤时,雷大空与金狗也完成了历史的使命,宣告了他们奋斗命运的暂时终结:雷大空不明不白死在狱中,金狗回归农村。正是通过"邪恶"势力的强大和顽固与正义力量的弱小的对比,作家揭示出处于社会转型时期人们思想的普遍浮躁与社会风气改变的艰难。而人们在顽劣的"邪恶"势力面前的隐忍与面对不良风气时的价值失衡及精神困惑,更是证明了社会不正之风的猖獗。正是通过"正义""邪恶"力量的对比以及人们思想的迷惑与灵魂的躁动不安,作家表现出对现实社会的忧虑。路遥曾说:"如果我们不能在全社会范围内克服这种不幸的现象,那么我们就很难完成一切具有崇高意义的使命。"[①] 作为有着知识分子良知与历史使命的作家表现出的正是此种忧虑。如果再看作品发表的时间,1987年,我们就更不能不佩服作家的眼力了。社会上的不正之风刚冒头作家就凭借敏锐的感觉把握住了,并且还觉察到它的顽劣与蔓延,甚至于相对闭塞的农村也不例外。不可否认,改革开放确实使人们受益匪浅,但随之而来的"拜物"观念也如伊甸园中的禁果一样诱惑着人们,使他们陷入浮躁不安不能自拔。虽然作家对这种现状无能为力,但知识分子固有的良知与责任感又使他不能作"壁上观",于是,作家的忧患意识也就在作品中表现出来了。

二、《废都》揭示了知识分子的自恋与彷徨

20世纪90年代,随着市场经济的建立,越来越多的人被物欲所吞噬。"金钱"犹如万能的工具统治着每一个人:他们在市场经济大潮的冲击下同样迷失了自我,走向了自恋与彷徨,从而也就陷入了沉沦。但受传统影响较深的知识分子,内心深处承担道义的责任与自命清高的意识却始终挥之不去。于是,现

---

① 路遥:《路遥文集》1、2合卷本,陕西人民出版社1993年版,第460页。

实社会的冲击与意识深处的责任就构成了他们内心强烈的冲突,他们无可奈何地走向了自恋,陷入沉沦。《废都》正是对此的生动写照。就如作家在题记中所说:"惟有心灵真实。"

《废都》集中笔墨塑造了一个知识分子的形象——庄之蝶,通过他在官场、商场上的曲谀奉迎与拙劣表演暴露出其已失却了承担道义责任的良知;而他与几个女性之间的肉体关系则体现出知识分子意识深处的自恋。而在自恋过后的现实中,则由于自身价值的丧失和承担道义良知的失却而陷入了更深的痛苦与彷徨。这实质上是知识分子的沉沦!无论是自恋还是彷徨,都表现出作家对知识分子作为精神导师与道义承担者失去责任陷入沉沦的忧虑。

庄之蝶是西京的文化名人,也是理所当然的精神导师与道义的承担者,但他做了些什么呢?作品向我们展示的是他在官场、商场上的阿谀奉承与虚伪表演,是对庸俗社会的迎合,是靠"性"维持的与众多女性的不正当关系。这时,他已经放弃了知识分子应当承担的责任而自甘沉沦。正因为是名人,他才能在官场上、商场上到处获取不正当利益,从而暴露出丑陋的灵魂。也正是靠着名人优势,他把几个女性牢牢吸引在自己周围:无论是唐宛儿、柳月还是阿灿、阿兰,都对他有一种发自内心的天然的崇拜,甚至不惜为此送掉自己的家庭、幸福乃至人身自由。正是在这种女性崇拜中,庄之蝶的自我价值得以暂时虚假的实现,其精神诉求也暂时得以满足。不过,充当精神导师的固有责任又使他追求一种崇高的精神境界。于是,这种虚假的满足过后,他陷入困惑与彷徨。这种心态的彷徨,实质上是知识分子价值失落后的困惑,是其本真性丧失后的茫然。正如雷达所言:"书中写到庄之蝶,常用一个词,叫'泼烦',此乃西北土语,意谓并非因一事引起的纷至沓来的烦恼。庄之蝶精神状态的总特征,正可有'泼烦'喻之。这'泼烦'包含三层内容,一是社会性烦恼,二是生存性烦恼,三是形而上的烦恼,而核心问题在于,不断丧失本真性悲哀。"[①] 丧失本真性之后,庄之蝶陷入了迷茫,于是只能到女人身上寻求安慰,以期得到暂时的精神解脱,正如波伏娃所说:"男人梦想重新完全置于母性的庇护之下,以能再度发现他存在的真正根源。"[②] 这实质上是知识分子在价值失却后向自身的回归。但承担精神导师的固有责任又决定了他们不会满足于这种自恋,而他们又对现状

---

① 雷达:《心灵的挣扎——〈废都〉辨析》,载《当代作家评论》1993年第6期。
② 西蒙娜·德·波伏娃:《第二性》,陶铁柱译,中国书籍出版社1998年版,第170页。

无可奈何,于是在自恋过后他们也就自然而然地陷入了彷徨,而这种彷徨与自恋也正意味着知识分子的沉沦。

正是通过对以庄之蝶为代表的知识分子自恋意识与彷徨心态的叙写,作家对充当精神导师与承担道义责任的知识分子的困惑与茫然表现出深深的忧虑:当承担道义责任的知识分子在物欲冲击下陷入自恋与彷徨而最终沉沦不可自拔的时候,我们的社会又会走向何处呢?

三、《高老庄》《怀念狼》对人类本身的忧虑

如果说在《浮躁》中作家表现出对现实社会的忧虑,在《废都》中流露了对知识分子价值失落的忧思,那么《高老庄》《怀念狼》则更加深入,表现出对"人"的关注与忧虑——对人本身以及人的生活环境的关切。

《高老庄》集中笔力塑造了一个大学教授——高子路的形象。高子路是一个智力上的强者,但却是一个体质上的"弱者"。这个比女人还矮的男人其实是人类作为物种退化的一个代表。在人类社会发展的今天,人类确实取得了巨大的进步,但人类在依靠自己的聪明大步前进的同时,却忽略了对自身的关注,于是出现了以高子路为代表的高老庄退化的男人。其实,高老庄的男人仅仅是一个代表与象征,作品的深层意蕴乃是对人类作为一个物种存在的关切。沈从文对"人"的退化的忧虑和追问以及对人的"力"的呼唤与希冀:"浦市地方屠户也那么瘦了,是谁的责任?希望到这个地面上,还有一群精悍结实的青年,来驾驭钢铁征服自然,这责任应当归谁?"[①]作为深受沈从文影响的贾平凹也同样持有(在一次与王尧的对话中,作家表达了对沈从文的喜爱)。在作品中,作家一方面是在揭示人类自私的本性,一方面又在呼唤人类硬朗、豪爽的"野性"。作家幻想通过对人类自私本性的揭示来唤起注意以使人类精神得以重塑;通过人类野性的再现以使人类自身作为物种能有所进步。高子路的夫人西夏——"大宛马"的经历可谓是很好的例证。这是一个天真、率直的女子。她体格健壮,长相漂亮,是高子路用来改造后代的"优良品种"。但她向往的却是野性与真情,在她身上充满着原始的冲动、欲望与本真性。这就与高子路的初衷有了背离。其实,细想一下,如果西夏真的被高子路所改造,人作为一个物

---

① 沈从文:《沈从文文集》,华夏出版社1980年版,第241页。

种还能得到改良吗？恐怕这也是作家的忧虑与怀疑。作品最后没有向我们讲述她的命运，不过，从行文中我们仍能隐隐感到她与高子路之间的不和谐。他们最后的命运，尚未可知。这种不和谐也预示着他们之间的感情危机，而其原因也正隐喻着作家对人类退化的担忧与改良的困惑，包括肉体和精神。其实，从高子路和西夏踏入高老庄的那一天起，高老庄的环境及高子路的处世哲学就预示了二人之间危机的存在，这也体现出了作家对人类的精神重塑表现出的忧虑，对人类本身生存状态的关注以及对人的野性的呼唤。不过，它更明显的体现是在《怀念狼》中。

《怀念狼》集中表现了作家对人类生存状态的忧虑。作品中狼的意象在一定程度上代表了大自然，代表了激发人类活力的竞争因素。其实，人与狼之间的关系本就是一个悖论：狼吃人，人类的安全要求消灭狼，而人类作为一个物种的生命的活力又离不开狼。"生于忧患，死于安乐"，只有在与狼的竞争中人类的活力才能得以永存；少了外界的生存竞争人类就会因为生存条件的舒适而走向退化。作品中"舅舅"的变化就是一个很好的例证。在与狼的争斗中"舅舅"是一个健壮的人，是一个英雄；在狼基本被消灭后，他的身体则出现了问题，丧失了野性，也失去了生机与活力。但后来当狼真正威胁到人的生命的时候，他又在与狼的争斗中恢复了活力。不过，出乎意料而又在情理之中的是，作品最终的结局却是：狼全部被消灭之后，人变成了狼。这不能不引起我们的深思。消灭了自然天敌之后，一方面，人类由于没有了外界的威胁而走向退化；另一方面，没有了共同的敌人其自私贪婪的本性也就完全暴露从而导致自相残杀。狼的消灭终于使人类自食其果。大自然最终要以固有的规律来报复人类。

作品中最令人震惊的是"人狼"的出现。其实，它应是人类自私、贪婪本性的象征。外界的生存竞争没有了，人与人变成了敌人。也就是说，人类作为一个物种在成为大自然主宰的同时，人类的精神并没有得到相应的提升，甚至还走向堕落。作品中，作家对狼的怀念，实质上是对人类作为一个物种在体质上退化的担忧，以及对人类在失去天敌之后因为自私、贪婪的本性而导致精神堕落的忧虑。在这里，作家关注的目光对准的是人，是人的精神、生存和环境，从而不仅表现出作家对人类生存的忧虑，也体现出其博大的胸怀和内心深处知识分子所固有的忧患意识——即在人既对自然进行改造又与自然展开竞争的过程中，人类到底该何去何从？

总之，尽管作家在不同时期的创作视角不同，但其忧患意识始终未变。《浮躁》是对现实社会的关注，是对社会转型时期人们在改革开放所带来的利益与机遇面前无所适从的浮躁心态的担忧。《废都》则表现出对现实的无奈，无奈中又蕴含着凄凉与无助，正是在对苍凉、无奈与堕落的叙写中体现出知识分子意识深处的自恋，而这种自恋也正是作家对作为人类精神导师的知识分子在价值失落之后陷入困惑与茫然并最终甘于沉沦的忧虑。到了《高老庄》《怀念狼》，作家则把视角对准了人类本身，对准了人的体质、精神以及人类的生存环境，表现出对人作为一个物种在体质上退化、精神上堕落的忧虑；对人类作为一个物种改造的不易以及精神重塑的艰难——人类在进步的同时，在成为万物之灵的同时，在成为世界主宰的同时，是不是也丢失了什么？由此，作家的忧患意识也就有了一个发展变化的过程：由对现实社会的关注，中经对充当精神导师的知识分子价值失落之后的迷惘乃至沉沦，再到对人类生存的忧虑、人类精神重塑的呼吁以及人类生存环境的关切。作家的视角愈来愈开阔，其关注的焦点也越来越接近"终极关怀"。正是在这种关怀与忧虑中，作家对人性改造的迫切愿望才得以流露，其内心深处的忧患意识才得以显现。

（原载《南都学坛》2004 年第 3 期）

是孝子贤孙,还是逆子贰臣?

——《浮躁》《白鹿原》合论

方维保

当新文化的欧风美雨冲荡中华大地的时候,中华传统文化的历史命运便成为中国知识分子的情结。是做孝子贤孙,还是做逆子贰臣?现代性思潮之下的中国当代文学一开始就被置于不得不面对的二元选择之中。

贾平凹的长篇小说《浮躁》和陈忠实的长篇小说《白鹿原》,都发表于20世纪80年代末90年代初那个短暂却具有特殊意义的历史转型期,他们有着相近的题材背景,也都包含关中文化因素。关中文化虽然在近现代以来沦为边缘文化,但在中国民族的悠久的衍播史中,其铸就了中华文化基本的价值和内涵。因此,关中文化实际上已经成为中华文化的符号,解析以关中文化为表现内涵的《浮躁》和《白鹿原》,我们也就能窥视出90年代中国文学和中国知识主体在面对二元选择时的文化倾向。

《浮躁》发表于1987年,80年代后期的文化反思在作品中留下了鲜明的印迹。那就是它对传统宗法制的文明的义无反顾的批判态度。作品中的主人公金狗几乎是秉持了创作主体的意旨,充当了传统文明的反叛者和摧毁者的角色。

作品首先展示了一幅宗法制血缘社会的图景:林游山区、州河之畔,与世隔绝,这正是宗法制社会得以存在的理想环境。它控制在通过"革命"而获得权力的田、巩两个家族的手中,乡长田中正事事处处从家族利益出发去处理他的"公务";田家的对头巩宝山书记(地委)虽然时时有冠冕堂皇的"工作",但最终着眼点却是要在故乡与田家争个高低。家族之间的血缘纠葛成为所谓的"现代社会"中的一股汹涌的暗流。当田、巩两家的利益受到威胁时,他们又会如当年一样联合起来,不惜采取一切手段维护共同的利益。家族势力笼罩和控制着州河这一片土地。但正是这种控制和压抑催生了反控制/反压抑和反家族力量的诞生。下层受苦的杂姓之子金狗就目睹着这一切长大，并发誓"报仇"。他聪明好学，具有特别的才干，他在州河管理运输队，将几十号人的生意做得红红火火；他当记者，结果成为全地区的名记者。但无论是当运输队队长还是当记者都不是他的目的，他真正的目的就是要借助这一切来将田、巩两家"扳倒"。为此，他不择手段，帮助田一申当上了队长；假意与田一申的侄女结婚，当上了记者。当了记者后，他认为条件已经成熟，就利用田、巩两家的矛盾，在其间"挑拨离间"，使他们彼此争斗，来削弱他们的力量。他的计划几乎就要实现，田、巩两家也都被置于危险的境地。但在宗法制血缘社会中，凭着他的一己之力，只能使宗法势力受到威胁而不能将其彻底摧毁。当宗法势力觉察到他的于连式的目的之后，便迅速作出反应，几乎将他置于死地。他的反抗失败了。需要指出的是，金狗的于连式的报复，虽然也是在宗法制内部进行的，也具有宗法制的特点，而且他的反抗是个人的，也是脆弱的；但它是与现代社会的民主吁求相一致的（同构而异质），代表了受压制的下层民众的利益。因此他的反宗法制的倔强精神还是值得欣赏的。作品还塑造了一系列反宗法制的下层人物形象。其中的女性形象小水和石华虽如贾平凹的其他作品中的女主人公一样具有男性崇拜的痕迹，但作为反家族统治的坚定支持者，她们的行为又具有了可歌可泣的品质，特别是美丽而聪明的石华甚至为了救出身陷囹圄的恋人金狗不惜以身受辱。

  作品的另一人物是金狗的杂姓兄弟雷大空（他的故事形成了作品的另一条线索）。与金狗相比他走的是另一条"复仇"的道路，他通过行贿等非法手段，做生意发大财，名震乡里，使杂姓人家扬眉吐气，也令田家感到惧怕。他又与巩家的女婿合伙做生意，与之同流合污，掌握了他们的犯罪证据。他期望着有朝一日，将一切披露于天下，将田、巩两家彻底打翻。他的手段更具有"水浒英雄"的特征，而他的失败也比金狗更惨，最后落得个尸抛荒野。金狗与雷大空这"一文一武"的两种反抗都失败了，但他们反抗家族势力的"浮躁"行动却使州河"活泛"了起来，使田一申们不得不有所收敛。这或许就是长篇小说《浮躁》的真正意义之所在。

  与贾平凹的这种对待传统文明的"浮躁"姿态不同，陈忠实选择了回归。长篇小说《白鹿原》出版于1993年，它以关中文化为象征域，通过具有符号性的人物以及命运，演绎了中国宗法制文化在近代历史语境中的命运。

通观《白鹿原》全篇,白鹿原的脊梁式人物应该是白、鹿两族的族长白嘉轩。

当记忆中的白鹿神灵没有向他显圣之前,他一连娶了六个老婆,个个命赴黄泉,不但没有给他带来半子只女,还落得个"毒刺钩女"的臭名。如黄土地一般忠实厚重的白嘉轩尝尽了做人的尴尬。断子绝孙的沉重压迫,似乎在吁求着存活于生命原初的白鹿精神的早日复归,生命的转折就在这样强烈的生存焦虑中于一个白雪覆盖大地的早晨出现,命运之神引导白嘉轩发现了一块紫气蒸腾的风水宝地——白鹿精灵的隐身之所。他的深潜的智慧受到空前的启发,他以狡黠的智慧买下了这块干瘠的土地,靠种植鸦片,买了地,置了屋,又娶妻生子,家业人丁旺盛。随着祠堂的重修,族规的再整,白嘉轩牵引着白鹿原渡过了自己历史的苍茫,进入到一条秩序整严的浩荡洪流之中。

如果说百事躬行的白嘉轩是白鹿原上混杂了儒家思想的封建宗法观念实践性的代表的话,那么朱先生则是它的理论象征和精神先知。这位饱学的关中硕儒是位极富传奇性的民间隐士,丰富的学识使他在咫尺陋室内即了悟天下大势,无形中把握住了天地人物的脉搏,进入了一种类似道家的无为而为的自由境界。他凭着自己的灵性,毫不费力地诱导白嘉轩发现并占有了那块白鹿托身的土地,且在上面种植了罂粟,为白嘉轩重振白鹿原打下了经济基础;而当鸦片泛滥灾害一方,他又义无反顾地充任禁烟首领,并从自己的内弟开始。他仁慈爱民,在两军对垒千钧一发之际,只身说退重兵;在饥馑遍地百姓遭难之时,公正无私地赈济灾民,悉心倾听和佑护每一个回头浪子。他为白嘉轩拟定的白鹿氏宗族族规,犹如一部魁伟的民族道德法典,支撑了白鹿原整整一个时代的精神天空。正是这位精神领袖与白嘉轩的成功合作,才创造了白鹿原最近的也是最辉煌的一段历史,才使白鹿精神在经历了若干年的沉寂之后,重放异彩,发扬光大。

但在白鹿原社会最鼎盛的时期,就已经孕育着深刻的危机。其源头甚至可以追溯到更遥远的白、鹿两家各自的祖先。虽然说白氏家族因从事传统的农业经济而在"重农"观念下被视为正统,然而因从事商业、服务业而受"抑商"观念压制的鹿氏却从未放弃对前者的颠覆。鹿子霖是这两种迥然不同的价值观念中极富意味的人物。他比较具有创造性地继承了祖辈的"商业文明"性格,并被作者倾向性地赋予了该种文明所"应该有"的一切劣根性。鹿子霖,贪图财富。他为官一乡时便不择手段地鱼肉百姓,聚敛钱物;他遇事逢迎拍马,在总乡约田福贤面前恬不知耻地摇尾乞怜；他纵欲无度，几乎睡遍了白鹿原上所有他看得上的女人，甚至包括他的侄媳；他缺少稳定的人格，好大喜功，贪财好色构成了他性格的核心。他对白氏家族及其所代表的田园思想有着本能的厌恶与仇恨，多次聚集族人向白嘉轩夺权。还利用侄媳田小娥诱使族长继承人白孝文堕落，购买白家的房产以羞辱白嘉轩，指使乡里恶棍迫害白姓乡邻。中国农业时代的价值观念使鹿氏一族处于无权地位，而夺权斗争，则使得人心"不古"，道德沦丧。然而，他的一切狡猾计谋和恶劣行径最终都遭到了悲惨的失败。他不但挫折于白嘉轩，失尊于田小娥，而且为外姓人田福贤所轻视。他的生命甚至在完结之前都未能完成一次悲剧的搬演，而只能充当无意义的陪衬的材料。命运之神无情地嘲弄了他终生的挣扎。尽管如此，鹿子霖的寡廉鲜耻就像撒旦与上帝的对立一样极大地冲击和动摇了白嘉轩所象征的宗法制价值堡垒，并在后人无尽的不齿之中引导白鹿原走向纲常人伦的浇漓。白孝文县长的枪声在宣告了他失败的同时，却也铸定了他生命过程的价值丰碑，因为白孝文的行为正是他的翻版。

作为理想主义的白鹿精灵化身的朱先生，在一个即将改朝换代的金色黄昏悄然飘逝，他所制定的字字如金的族规，他所编纂的公正不倚的滋水县志，以及他所提倡的顾念黎庶的仁爱精神也随之逃逸。白鹿精神的现实化身的白嘉轩也老了，世事的沧桑摧残了他的肢体，也捣毁了他孜孜以求的辉煌家族的梦想。人间的残杀和倾轧如拂不去的乌云遮蔽了本来晴朗的人性，白鹿也不再佑护原上的生灵。于是，战争屠戮了原上无辜的人民，尸殍四野，血流成河；家族内讧亵渎了古朴的民族精神，败坏了世风民情；冤魂游荡招来了瘟疫横行；天灾连年致使民不聊生。白鹿原走上了它重新湮没的路程。

唯有的两颗能挽狂澜于既倒的希望之星就在这纷乱和肮脏中陨落了。那个天真活泼的白灵，她的正直、灵动、独立的个性以及聪颖的品格都使得白嘉轩和朱先生对她倾注了特别的爱。她在白鹿原的文化传承中有着特殊的地位，一方面她深受姑父朱先生和父亲白嘉轩所代表的正统宗法观念的熏陶，真正汲取了传统文化的精粹；另一方面，她的开放式性格又在不知不觉中把民主与科学的现代新思潮纳入自我价值体系之中。她与鹿兆鹏在"革命"中的结合，在白鹿原的文化语境中也是意味深长的，他们的关系不但将泯除白、鹿两族的仇恨，而且具有整合这两个姓氏所代表的价值观念的作用。这些都决定了，只有她才能够把日趋僵化的传统文化带向现代化,使之在世纪更替中不至于被淘汰。可以说,白灵是传统文明和白嘉轩、朱先生生命走向新生的唯一希望。

另一个能给白鹿精神描金画彩的则是黑娃。对传统文化精神来说,他是一个归来的浪子。敏感的个性和父亲寄人篱下的地位都使他孕育了叛逆的性格,偷娶财主的侍妾田小娥为妻,参加鹿兆鹏组织的武装起义,上山当土匪等行为都把他塑成了一个不容宗法正统也不为宗法正统所容的"盗跖"式的人物。他极为憎恨白嘉轩挺直的腰板,并不仅仅是为了白族长不准他和妻子小娥进祠堂,而是因为它压抑了他的生命个性。但就在这憎恨中却将对立面的品质内化并将其作为自己的价值标准,因此憎恨中蕴藏着惊人的崇拜。正是因为这种崇拜和敬服的引导,他才在反反复复的人生激荡之后,重新回到白鹿原,如当年的白嘉轩一样拜在了朱先生的门下,把自己的野性改造为威严的家族徽号。这时候,在他打折了白族长那宗法精神的腰板之后,他完成了重新建构这座价值殿堂的过程。他不但具备了朱先生的儒者气度,而且还有着白嘉轩身体力行的实践精神。这是个朱、白精神的理想结晶体,传统文化的嫡传后人。

既然固有的精华丧失殆尽,新生的特质又夭折于萌芽,那么后果就不言自明了。虽然老族长白嘉轩以他惊人的胆气和不屈的精神震服了冤魂的骚扰,惩治了淫逸的泛滥,遏止了灾祸的流行,但他却无力支撑起故乡在白鹿精灵远去后陷入败亡、家族走向沦落的命运。世道已经彻底沦丧,田园的美好与静谧已不复存在。白孝文县长的一声枪响,把自己的童年兄弟——那个弃匪从善的黑娃送入了地狱;解放区内的一场不明不白的政治内讧,让赤诚耿直的白灵死于非命;鹿兆鹏也在胜利之时不知所终。当朱先生和白嘉轩在千里之外遥见白灵化作野性犹存的白鹿消逝于苍茫天穹之际,朱先生那对宗法世界得以延续的最后一丝希望和老族长那仅余的一滴护道热诚,都被击得粉碎。新的世界确确实实地到来了,但它却如一道闪电,在极其短暂急促的耀眼光亮之后,陷入了深不可测的黑暗和混乱。当白鹿原的悲剧在作家陈忠实的笔下落幕之时,那些承担着文化命运的人物——文化英雄们也就在悲凉的挽歌中完成了他们的使命。

人,是在文化中成长的。在我们的家园文化面前,是做孝子贤孙,还是做逆子贰臣?这是一个二元对立问题,但更是一个哈姆雷特式的问题。叛逆者有着启蒙的精神和叛逆的热诚,但文化母壤中长成的我们又怎能拔着头发离开大地呢?而传统文化的孝子贤孙,又必须面对现代化之下的失落与感伤。民族主义之下的伦理困境,从20世纪初的新文化运动一直延伸到八九十年代。但假如把《浮躁》和《白鹿原》作一个历史考察,就会看出这样的困境已经处于一种消解之中。

虽然从《浮躁》到《白鹿原》相隔的时间并不长,但回归的选择已经作出。从《浮躁》到《白鹿原》,20世纪80年代末和90年代初的中国乡土创作面对传统,实际上是走过了一个"归去来"的轨迹。

(原载《名作欣赏》2007年第13期)

俯瞰和参与

——《古船》和《浮躁》比较观

王彬彬

比较,要求被比较的事物之间有一定程度的可比性。在张炜的《古船》与贾平凹的《浮躁》之间,这样的可比性我想是存在的。它们同是以北方农村一个小镇为描写空间,展示今日处在经济变革中的农民的生存境遇和精神状态的长篇。而在各自的作品里,都渗透着作者对人,对历史,尤其对今日的社会变革的独特理解、思考和发现。而且两部作品都出自以写农民而闻名于世的青年作家之手。对我们的比较来说,有这样的共性就够了。而我们要做的,则是在同中见出异来。

比较,又要求被比较的事物具有一定程度的比较价值,两部作品同样是对变革时期农民精神状态的描绘,但由于创作主体的立足点不同,对描写对象的理解、评价都水火不相容,反映出创作主体在农村社会变革前所具有的不同心态。最终,使作品的思想境界、艺术价值都相去甚远,《古船》受到许多赞赏,而《浮躁》来到人间却受到较大的冷遇。本文试图通过对两部作品的比较,说明作为农民出身而又倾心于写农民的作家,应该具备怎样的主体素质。

读完《浮躁》,只觉得作者钟爱的人物金狗、雷大空的活动多少有些离奇。金狗哪来的那么大的才干,写得一手好文章,进城后竟被写过多年文章的人敬尊为师,而他又哪来那么大的魅力,从乡村到州城,令一个又一个美貌女子对其倾心?雷大空又何来如此神通竟能在城里骗巨款?作品整个事件的始末也不真实。金狗与小水之间关系的经过就令人难以相信。正像金狗是作者钟爱的男人一样,小水是作者理想的女人。这样一对男女的结合是作者的心愿。但是,为了故事的展开,作者让他们在终成眷属前都在情感上经历几番劫难。小水两次结婚而两个丈夫都命归西天,金狗也与两个女人发生关系而又都对她们感到厌倦，最终回到小水的怀抱，找到情感的归宿。金狗和小水情感从起点出发又回到起点的圆形轨迹，正如金狗从州河上出发最终又回到州河的活动经过一样。作为一部严格写实的作品，人事进展的突兀、不自然以至细节的失实、不近情理，都是很忌讳的。但我仍然不愿仅仅依据这些对作品的艺术价值作出判断。本文也不是在这个层面上将两部作品进行比较。我知道作者是在按自己的意图驱使着笔下的人物活动。尽管作品给人以图解观点的感觉，但这种被图解的观点毕竟是贾平凹自己的。在阅读《古船》时，隋见素这个人物突然令我想到《浮躁》中的金狗和雷大空。金狗和雷大空身上的浮躁之气不同样在隋见素身上存在着么？为着出人头地，为着夺回粉丝厂一释胸中多年郁结，他时时急躁不安。他渴望在当前的经济变革中一显身手，实现夙愿。他一度离开洼狸镇，进城开店，最后落魄而归。这与金狗、雷大空的经历何其相似。隋见素是与赵多多、赵炳争斗，这种争斗又是隋赵两姓的家族之争。正像解放初赵多多、赵炳们利用时机对曾富甲一方的隋家采取了残酷的报复行为一样，隋见素也要利用新时期经济变革的时机对赵家掷还所受的屈辱和伤害。在《浮躁》里，金狗和雷大空的对手则是解放后一直两雄对峙、称霸一方的田巩二家。这种争斗的性质同样有家族复仇的色彩。只不过金狗、雷大空们是作为一直受田巩两大姓氏欺压的小姓人家想抓住新时期社会变革的时机翻过身来。在精神境界上，隋见素与金狗雷大空们并没有多大差异，大体居于同一档次。他们作为多年处在社会最底层，在家乡受着强者欺凌的人物，渴望改变自己的卑微地位，并向长期骑在他们头上的人复仇，甚至也骑在他们头上，把当年的位置来个颠倒。他们的浮躁正是由此而生。至于《古船》中争斗的另一方赵多多、赵炳，也与《浮躁》中的田有善、田中正是同型人物。隋见素为达目的有些不择手段，而金狗在记者任上时，也不惮使用些并不光彩的计谋挑动田巩二家狗咬狗。至于雷大空，就更等而下之了。

　　隋见素和金狗、雷大空这些人物从内心骚动到外部行为都如此相同，但他们在各自的作品里给人的感觉却又十分有异。《古船》里的隋见素同他们的对手赵多多一样，是受作者贬斥的人物，即使不可厌可恨，但也决不可爱可敬。但《浮躁》中的金狗却同他的对手田有善不一样，是受作者褒扬的人物，是可爱可敬的。甚至雷大空，也并不可厌可恨。同样的人物在不同的作品里所受褒贬殊异，隋见素也许会鸣冤叫屈，但我却无心在此断狱。实际上，在叙事性作品里，真正的主人公不是这些活动着的人物,而是叙事主人公自己。正像在抒情作品里,抒情主人公的形象如何决定着作品的成败得失一样。在叙事性作品里,叙事主人公的情感、思想、忧乐、爱憎决定着作品格调的高低,艺术魅力的大小,最终决定着作品的价值。叙事主人公通过对别人的讲述讲述着自己,通过对别人的塑造塑造着自己。读者审美判断的目光其实是集中在叙事主人公形象上的。而隋见素和金狗、雷大空的不同形象也正是由不同的叙事主人公一手造成的。

用时下颇热门的叙事学术语来说,两部作品选择的都是全知全能视角。叙事者置身于对象世界之外,对人物的心理活动,对事件的因缘始末作无所不知无所不晓的陈述。但在各自的陈述中浮雕般的凸现出的叙事主人公形象却又是判然而别的。《古船》的叙事主人公不但置身事外,且亦置心事外。他仿佛站在一个山岗上,对脚下争斗着的人物一无偏护。他犀利的目光直射进历史和人物的内心深处,并客观冷静地讲述着他的发现。但是,在作品不动声色的叙述中,却处处令我们窥见叙事主人公悲天悯人的情怀和感觉到他火热深重的忧思。《古船》的叙事主人公在思想和情感上都超越了作品中相互怨恨和算计的人物双方,不以争斗着的任何一方的苦乐为自己的苦乐。无论是隋见素还是赵多多、赵炳,都不能把他拉到自己的旗帜下。的确,在某种程度上,《古船》的叙事主人公像一个大人在观看孩子的斗殴。而《浮躁》的叙事主人公却迥然不同。他虽也置身事外,但却置心事中。他不是站在更高处而是紧紧地站在金狗、雷大空、韩文举、小水、福运们一起与田有善们对垒。他是这个阵营里的人。他把同情和爱都倾注在这些人物身上,在道义上有力地声援和支持着他们,以他们的胜负喜怒为自己的胜负喜怒。即使对雷大空这样坑人祸国以至触犯刑律,实际上是败坏改革声誉从而有碍改革的人,叙事主人公也是爱远大于责,甚至毫不掩饰地表露出对他的推崇和敬佩。

《古船》和《浮躁》尽管有着相同的题材、相近的时空和人物事件,但面对相同的对象世界叙事主人公的不同理解、感受、评价,决定了作品思想境界的高低。艺术效果的差异是强烈明显的。在《古船》中,叙事主人公置身亦置心于隋赵两家之外,面对双方都报以大爱者的怜悯。应该说,隋赵双方并非没有善恶是非之分。隋见素作为一个受过深重屈辱和伤害的人,有理由向赵多多报复,而作品的叙事主人公也的确在一定程度上流露出对隋见素的同情。从作品总体中凸现出的叙事主人公形象是超越于这一层次的善恶是非之上的。但他并非在泯灭善恶是非。他有着更高层次的善恶是非观。他关心的不是隋赵争斗的结局如何，祈望的不是隋见素的胜利。他思虑的是人间的这种争斗何以会发生，渴求的是人间的这种争斗有一天会绝迹。他把目光投向过去，发现这种争斗是从久远的年代一直循环往复地延续下来的，隋赵之争只不过是其中的一环罢了。隋家过去的富有是在后来招致侮辱的原因，而隋家受到的侮辱又造就了隋见素这样的报复者。就算隋见素今日赢了赵多多，他同时也会为自己制造隐患。《古船》的叙事主人公从人性深处发掘了一条船，一条古代人类争斗的战船。这船是发着腥臭的。如果我的理解不错，我想那条从古河道里挖出的船就象征着人性中的黑暗和丑恶，正像戈尔丁笔下的蝇王一样。而令叙事主人公痛心疾首的是这人性恶的象征却被人类涂上油彩，视为珍宝，摆在展览馆里当作人类的光荣炫耀。我说《古船》的叙事主人公不但置身争斗的双方之外，而且亦置心争斗的双方之外，但他的心却与作品中另一个并未参加争斗的人紧贴在一起，这就是隋抱朴。同金狗是《浮躁》的作者钟爱的人物一样，隋抱朴是《古船》的作者敬重推崇的人物，虽然是爱中存责的。隋抱朴精神境界之高、内心世界之广以及心灵之善良和忧患之深重，都是隋见素、金狗之辈难以望其项背的。他目睹了人间太多的邪恶，自身心灵太多太深太重的创伤竟使他超越于一己的痛苦之上，为人类的历史和命运而焦虑，而探求。他不但对赵多多不存报复之心，反而坚决反对隋见素加入这种恶性循环。隋抱朴"勿以恶抗恶"的态度，很容易使人联想到提倡道德自我完善的"托尔斯泰主义"，也容易使人认为《古船》是在对历史作道德化的理解。但如果这样看待《古船》，那就是一叶障目以偏概全了。隋抱朴不是基督耶稣的信徒，而是马克思恩格斯的信奉者，《共产党宣言》是他的圣经。他向往的是两位巨人描绘的共产主义社会。正因为有着这样的追求，他才能超越于个人恩怨之上。对他的迟迟不肯行动唯恐伤害他人，以致空有抱负才干，作品是有指责之意的。但他最后毕竟行动起来了，接过了粉丝厂，不让它成为任何人报复伤害他人的工具。隋抱朴是《古船》的灵魂，就像金狗是《浮躁》的灵魂一样。隋抱朴和金狗的长短高下其实就是《古船》和《浮躁》的长短高下。《浮躁》意在揭示金狗、雷大空们的浮躁，而其实，在对这些人物的过分偏袒中，则显出作者自身的浮躁。金狗自不待言，是作者倾注着情爱和寄予厚望的人物。这个浮躁的人物闯荡一番后又回到州河上拉起一支船队，与田中正掌握的船队抗衡，之后州河上便两军对峙了。作品结尾，情势很严峻，"州河上的洪峰又要来了"。但却充满希望，因为金狗已不再那样浮躁了。作者是希望金狗有一天整垮田中正们从而真正翻过身来的。对雷大空这个人物，作者怀有的简直是不近情理的情理。作者假金狗之手为他写下的祭文中说他"铮铮耿直，硬不折弯，可敬你虽明知是火，飞蛾偏要赴焰，雄雄之气，莽撞简单，可叹你急功近利，意气狭偏陷进泥潭。你是以身躯殉葬时代，以鲜血谱写经验。呜呼，左右数万里，上下几千年，哪里有这样的农民？固有罪有责，但功在生前一农夫令人刮目相看，德在死后令后人作出借鉴"。这里，不乏对雷大空的溢美之词。行骗害人，谈得上是"铮铮耿直，硬不折弯"吗？作品中金狗写的祭文，充分披露了作者的心态。尽管作者认为雷大空有罪有责，但对雷为了令人刮目相看而敢于坑人祸国的胆量是敬佩和推崇的。与《古船》相比，思想境界的高低不就显示出来了么？

叙事主人公是创作主体在作品中的投影，是创作主体思想情感在作品中的实现。《古船》和《浮躁》不同的叙事主人公形象反映了创作主体不同的襟怀，这具体体现在对当前的农村社会变革所怀抱的希望上。经济变革改变了农村的社会格局，给每个人都提供了发挥自己才干，为自己争得荣誉、财富、地位的时机。过去长期默默无闻，遭受欺凌、侮辱、轻视的人要奋力翘起夹了多年的尾巴，要为自己争得失落许久或者从来就没有过的人格尊严，要以自己的行动证明自身的价值，赢得社会的尊重。这些都是值得欢欣鼓舞的。改革的历史意义在于使国家强大，人民富裕，而改革巨大的伦理意义则在于给每个人都提供或拓宽发挥自身潜能的空间。但是，这里说的是每一个人。物质生活的提高和人的潜能的发挥，应该是每个人都享有的。改革，决不应是为社会一部分人提供一个报复另一部分人的机会。张炜和贾平凹都敏锐地觉察到许多人都在抓住改革之机不择手段地谋私利，泄私愤，让改革为我所用。于是，践踏伦理道德，违反国家法令，坑害他人以利己的事屡见不鲜，人性中邪恶的一面像得到酵母一般迅速膨胀。对此，张炜在《古船》中借隋抱朴表示出自己心中的忧虑和不安。倘若有人自以为深刻地嘲讽《古船》对改革作了道德化的评价，那恰恰暴露出他的浅薄。隋抱朴并非不懂得恶是历史发展的动力。《共产党宣言》中对资本主义历史功绩的肯定他是理解并信服的。但是，张炜所寄希望于改革的，绝不仅仅是物质生活的提高，更不仅仅只是社会一部分人的物质生活的改善，他还希望人心中阴暗的部分被照亮,希望是善而不是恶成为我们今天改革的动力。正因为有着如此心胸,张炜才对改革中出现的邪恶感到痛苦。他心中的改革者、企业家,不是赵多多,也不是隋见素,而应是隋抱朴这样的大智大爱、大觉大悟者。而《浮躁》中反映出的贾平凹对农村变革所持的态度和寄予的希望就与张炜大异其趣了。贾平凹的眼光似乎只局限在那些过去卑微轻贱、受着社会睥睨而又无由发挥自身潜力的底层农民身上。这是贾平凹所热爱和关注的对象,改革,为这一部分人提供了扬眉吐气的机会,这是贾平凹满怀欣喜的。他寄希望于改革的是使这一部分人富裕起来,高贵起来。他愿这一部分人积极行动起来,早日实现自己的理想。即便像雷大空那样靠欺骗坑人成为暴发户,也是可歌可泣的,因为作为一个草芥微末的农民,他毕竟以惊人的胆大妄为令社会刮目相看了。在贾平凹看来这是了不起的功绩。贾平凹也意识到农民的素质亟待提高,但他把素质的提高仅仅局限在显身扬名的能力、打败对手的手腕、发家致富的机巧上。

张炜和贾平凹同样都对农村的历史和现状,对农民的内心世界非常了解,而且对农村和农民同样有着深挚的爱。但是,作为农民作家,往往得力于这些,又往往受制于这些。在写农村之前,思想境界须达到能俯瞰农民的高度。《古船》的成功,在于张炜在理智和情感上都超越了农民。他不是作为一个农民在写农民,而是站在一个更高的地方观察着农民。他不是在,或者说不仅仅是在为农民而写作,因而《古船》的价值远远在一般农村题材的作品之上。而《浮躁》的局限,在我看来则源于贾平凹思想和情感上的局限。对于金狗、雷大空、矮子画匠、小水、福运、韩文举一类人,贾平凹有着深厚的爱。对于一个农民题材的作家,这是可贵的;希望他们生活得好,有着人的尊严受到社会尊重,这也是完全可以理解的。但是,对农民的这种爱如果导致理性的丧失,就会走向反面。我相信,如不自觉地把自己与农民区别开来,不自觉地清除自身的农民意识、农民情感,是不能真正写好农民的。在现代文学史上众多写农民的作家中,只有鲁迅能成为高峰,原因也就在于鲁迅能俯瞰农民,在思想和情感上都居于一个比农民也比其他乡土作家更高的层次上。鲁迅对今天生长于农村而又致力于写农村的作家仍有着宝贵的启示。当然是启示,而不是要我们去原封不动地照搬鲁迅。事实上,把自己的思想、情感、爱憎、苦乐完全与农民融为一体,往往便"只缘身在此山中"而"不识庐山真面目",妨碍对农民行为的深层动机以及心灵的无意识作理性的分析。《古船》和《浮躁》在艺术特色上的一个显著不同之处在于前者以对人物心理活动的深刻揭示取胜，而后者则更多地展示人物的外部行动，所谓"浮躁"，也仅是从人物的行动上表现出来，而人物内心的骚动则写得不多。正因为《古船》的作者能俯瞰洼狸镇，他便不仅对隋见素的心灵有深刻独到的开掘，而且也能用理性烛照赵炳、赵多多们的灵魂，在这些人物身上花费的笔墨同样多，而不是把他们作为另一方的陪衬物。而《浮躁》对金狗、雷大空的内心活动，尤其是那种报复性心理驱力展现得很不够。这大概是由于作者对这类人物的内心世界并没有清醒透彻的认识所致。而对田中正、田一申、田大安一类人物的内心世界就更忽视。本来，当前农村中的这一类人物是大有写头的。细致地刻画出他们特有的心态会有较大的艺术价值，从而使作品大为增色。由于作者只把他们作为金狗、雷大空射击的标靶，便使这些人物形象很苍白。例如田有善，虽出场颇多，但却没有艺术光彩。如果说金狗、雷大空们尚嫌缺乏立体感，田有善们就更是如此了。

　　对两部作品的粗略的比较后，似乎可以回答本文开头提出的疑问。评论界对《古船》与《浮躁》所持的不同态度是公允的么？我想，大体是公允的。

　　老子说："长短相形，高下相倾。"《浮躁》与《古船》这样的力作相比，才显出短和下，而这并不能说明《浮躁》很差，甚至一无是处。倘若与其他众多的长篇相比，即便算不得佼佼者，也是伯仲之间，不会太寒碜。至少，《浮躁》对充满生活裂变时代农民精神世界浮躁之气的把握是准确的。而我也并不认为《古船》尽善尽美。《古船》多少带点理想主义的色彩，这集中体现在隋抱朴这个人物身上。这是作为作者的张炜，也是作为读者的我热爱和尊敬的人物。但是，这样的人物在现实生活中即便有，也决不会大面积的存在。而作者却希望改革的重任都由这样的人来担当，希望都由这样的人用自己宽厚而正直的肩背背负着历史前进，一句话，希望历史的进步和伦理的进步能统一起来。这不是有些求之过高么？实际上，支撑着改革的，推动着历史前进的，恐怕更多的还是隋见素、赵多多这样的人。这实在是没有办法的事。

1987 年 10 月

（原载《当代作家评论》1988 年第 1 期）

浮躁时代的"浮躁"书写

张文诺 余 琪

贾平凹是一个具有深刻社会责任感的当代作家,他以丰富的创作深度介入到当代中国的社会生活与心理深处,对发生重大变革的中国社会现实发表自己的看法。"欲以商州这块地方,来体验、研究、分析、解剖中国农村的历史发展、社会变革、生活变化,从一个角度来反映这个大千世界和人对这个大千世界的心声。"①贾平凹以商州为创作支点,真实地反映了近半个世纪以来中国社会转型期间的人们生产方式、生活方式、思想观念、价值观念的变迁,反映了人们在社会转折时期的惶惑、浮躁、奋进的心理过程,以生动丰满的人物形象与独特的艺术创造丰富了当代中国文学的创作实绩,从当代中国文学高原走向了当代中国文学高峰。发轫于20世纪的改革开放以农村改革作为起点,然后再延伸到城市。家庭联产承包责任制打破了农村长期以来的沉寂,激活了农村久被压抑的活力、释放了农民久被禁锢的创造力。贾平凹的《满月儿》《小月前本》《腊月·正月》《浮躁》等小说近距离呈现了20世纪80年代中国农村的变迁过程,展示了处于传统向现代蜕变的传统心灵的纠结与痛苦。"他对农村有了较为深刻的了解和体验,此时复杂处世的作品走上成熟。他运用现实主义的创作方法,显得那样深刻有力。"②可以说,《浮躁》把贾平凹的创作切分成两个阶段,《浮躁》(包括《浮躁》)之前的小说与《浮躁》之后的小说具有明显不同的特征。他前后期的小说在创作立场、叙述策略等方面明显不同,前期的小说清新、明朗、乐观,后期的小说沉郁、忧愤、悲凉。贾平凹具有深刻的平民情怀,他热切盼望他的农民兄弟能过上与他们前人不一样的幸福生活。在创作前期,他总是乐观地看待农村发生的变化,他热情歌颂在农村出现的新现象、新事物以及

---

① 贾平凹:《小月前本》跋,见《贾平凹作品集·鸡窝洼人家》,译林出版社2012年版,第316页。
② 崔志远:《当代文学的文化透视》,人民文学出版社2007年版,第76页。

农村新人,他的写作立场、叙述方式、叙述策略明显不同于他后期的创作。"真正改变问题的实质的不在于他们再现的方式或内容,而在于领悟这种再现的方式。"①三十年以后,我们再来烛照贾平凹农村变革的叙述内容与叙述策略,领悟贾平凹再现农村变革的方式,更能看到文学与时代之间的张力,以及裹挟于其中的作家的复杂心态。

一

20世纪70年代末开始的改革开放率先在农村取得突破,家庭联产承包责任制改变了过去农村"大集体"的生产关系,调动了广大农民的生产积极性。短短几年之内,中国农村就解决了中国几千年来一直未能根本解决的温饱问题,农民切实感到了改革带来的成果。那个时代的中国农村处于一种积极、欢快的气氛之中,整个社会洋溢着一种乐观、明朗的色彩。作为一直关注农民生活的贾平凹,他用欢快的笔触呈现了改革开放给农村带来的勃勃生机,反映了农村的可喜变化。"农村的新的变化,新的生活,新的人物,使我大开眼界。……我就曾躺在丹江河的净沙无尘的沙滩上大喊:'这是多好的土地啊,光这空气,就可以向全世界去出售!'"②贾平凹的短篇小说《满月儿》以灵动的笔致传达了农村发生的新变化,清新、明丽、优美,贾平凹以《满月儿》为起点,开始了他对农村变化的吟唱。

值得注意的是,贾平凹敏锐地发现了农民前进道路上的问题,贾平凹没有一直停留在叙述家庭联产承包责任制给农村带来的生机上面,而是沿着这一理论逻辑思考下去,揭示了农民温饱问题解决之后的新问题。贾平凹发现,农民要想从温饱走向富裕,单靠单一的农业经济很难实现,他认为农民只有发展商品经济进行多种经营才能实现致富的梦想。贾平凹的前期创作着重书写商品经济在农村萌芽、发展的过程,写出了商品经济对传统农业经济的优势。《小月前本》《鸡窝洼人家》《浮躁》等三部小说采用对比手法反映了商品经济对传统农村经济的渗透以及全面冲击。"新时期以来,甚至新时期以前的一些小说中,都

---

① 张旭东:《批评的踪迹:文化理论与文化批评 1985—2002》,生活·读书·新知三联书店2003年版,第19页。
② 贾平凹:《小月前本》跋,见《贾平凹作品集·鸡窝洼人家》,译林出版社2012年版,第316页。

渗透着他对社会问题的观察和思考,只不过这些作品往往通过人物情绪、心理、欲望和精神的折射来反映'问题'。"①《小月前本》《鸡窝洼人家》两部小说写的是农民的情感纠葛与婚姻变迁。美丽漂亮的农村女青年小月放弃自己青梅竹马、两小无猜的未婚夫才才而选择"不务正业"的门门,烟峰离开自己的丈夫灰灰嫁给了禾禾。这不仅仅是个人感情的见异思迁或者喜新厌旧,而是隐含着商品经济对农民的巨大吸引力。贾平凹的小说形象地呈现了商品经济在农村的勃勃生机,门门做生意,跑遍了沿江好多地方赚了好多钱票,整天不干农活,可是穿的体面,吃喝得油舌光嘴,最早买了收音机,带着手表,吸着洋烟,在众人面前吃五喝六。禾禾不甘心被困在土地上,一心追求另一种生活,他贷款养蚕获得成功,养蚕带来了丰厚的收入,后来买了手扶拖拉机跑运输,又买了一台电动磨面机为村民磨面挣钱。别人秋收需要十几天的时间,他利用机械两天就干完了。他不但赢得了烟峰的爱情,而且赢得了他的前妻以及种田能手灰灰的尊敬。更为重要的是,禾禾也赢得了鸡窝洼村民的羡慕与尊敬,原来对他冷嘲热讽的村民都对他另眼相看。金狗复员回来以后,不想种田,在州河上组织起河运队跑起了运输,一时风生水起,引起仙游川所有村民的羡慕,他的运输队成为两岔镇经济发展的标志,金狗成为两岔镇的风云人物。才才干活不惜力,不要命,他的庄稼长得最好,可是因为粮食价格比较便宜,他家的收入还是比较少。他省吃俭用,穿着破破烂烂,说话唯唯诺诺,从来没出过屋门。灰灰虽然是种田能手,肯吃苦,但是仅仅能解决温饱问题,灰灰和麦绒劳累了一年,省吃俭用,还拉不起电灯,以至把家里的粮食卖的很多,甚至不敢放开吃喝了。"资本主义和工业主义从十六七世纪开始发展,它们在特定的条件相互联姻,从而使得商品经济的规模爆炸性地增长,中世纪自给自足的封闭的庄园经济不可逆转地遭到了破坏。农业社会的沉默和稳定被打破了。"②贾平凹对那些坚守传统农业生产方式的农民如才才、灰灰、麦绒、王和尚、韩玄子不无同情,但严格的现实主义立场让他真实地写出了他们对抗新生活方式的可笑。贾平凹的小说真实地反映了商品经济在改革开放后的农村从萌芽到壮大的发展过程,《小月前本》《鸡窝洼人家》中,从事商品经济的农民还是少数人的个别行为,到了《浮

---

① 郭洪雷:《讲述"中国故事"的方法——贾平凹新世纪小说话语构型的语义学分析》,载《文学评论》2015年第1期。

② 汪民安:《现代性》,南京大学出版社2012年版,第4页。

躁》中的仙游川，那里的农民从事多种经营的就多了起来。在20世纪80年代的现代化想象中，商品经济是作为现代化的载体出现的。"在80年代，'现代化'作为一种告别'历史暴政'和解决社会矛盾的新的发展方案，在知识界的想象中，是充满希望的乐观前景。80年代整个文化氛围的理想主义情绪是建立在这种想象的基础上的。"①很明显，贾平凹认为商品经济在农村的发展有利于改变农村贫穷的面貌，此时的贾平凹对农村的未来是非常乐观的。

贾平凹的小说中出现了新一代农民形象，这是一群见过世面、目光敏锐的农民，他们开始意识到自己不能再像他们的父辈那样生活下去，必须选择另一种活法。才才失去小月的爱情、灰灰失去烟峰的爱情不是他们败给了门门、禾禾，而是因为他们的生活观念已经落伍。才才、灰灰严格按照传统农民的要求做一个好农民，认为农民要有农民的样子。王和尚教训小月说："这是你说的话？农民就是土命，不说务庄稼的话，去当二流子？才才好就好在这一点上，难道你也要他去和门门一样吗？"在王和尚等人看来，农民的样子就是勤劳节俭、忍耐务实、安分守己，农民就是要吃苦，就是要种好庄稼。当然，这些或许并不是缺点，然而，这些往往会导致自我压抑、保守褊狭、墨守成规，缺乏主动性与创造精神，这些在现代社会无疑是致命的。而小月、烟峰认为农民要随时代的变化而改变，别人能做到的自己也能做到，小月最怕的是才才还像她爹一样。

小月恨不得好好出出爹的气：这就是你认为的女婿吗？就这么使唤女婿吗？她恨起糊涂的爹，也恨起太老实的才才。爹以他的秉性要求着这个未来的女婿，才才又是学着爹的做事为人，难道将来的才才也就是爹现在的这个样子吗？

才才的吃苦耐劳、老实忠厚、安分守己非常符合传统中国农民的标准，然而在新的时代，这样的美德往往成为一种缺点。吃苦耐劳容易安于现状，过于老实忠厚就会丧失主动性，安分守己容易不思进取。当才才对王和尚言听计从时，小月对才才彻底失望了。烟峰想让灰灰像禾禾一样多点挣钱门路，而灰灰却坚持祖训向土坷垃要吃要喝。贾平凹本时期的作品反映了新一代农民积极进取的时代精神，洋溢着坚定、乐观、明朗的气息。贾平凹本时期的作品把两类

---

① 洪子诚：《中国当代文学史》，北京大学出版社1999年版，第385页。

人物并置在一起,形成一种鲜明的对比,显出两类人物的优劣,门门与才才、禾禾与灰灰、烟峰与麦绒、王才与韩玄子、金狗与福运、小月与王和尚等。前一类人物不但头脑灵活、目光远大,而且在外貌上也英俊洒脱、能言善辩;后一类人物因循保守、目光短浅,而且在外貌上也显得萎缩呆滞、木讷迟钝,不管在生活还是在爱情方面,都处于劣势。这两篇小说具有丰富深刻的寓意,《小月前本》以王和尚给牛看病为叙事的开端,王和尚的老牛死去意味着传统农业生产方式失去了重要的载体,暗示了传统的种田方式的式微。《鸡窝洼人家》中,种田能手灰灰没有生育能力,预示着传统农民将来或许消失的命运。

在商品经济的冲击下,传统的农村生产方式、生活方式、思想观念、价值观念都有了极大改变,农村原有的平静、牧歌情调被打破,开始进入一种人心思变的"浮躁"时代。浮躁的含义一是指人们在社会大变动到来之后的那种心神不宁、焦虑不安、急功近利、盲动冒险的心态。《浮躁》中的雷大空头脑灵活、有经营头脑,后来因为倒卖假种子、开皮包公司被抓进监狱,死于非命。贾平凹对这些农民的情感很复杂,对他们的敢于冒险、敢于尝试的勇气极为赞赏,同时又对他们的见利忘义、金钱至上进行委婉的谴责,对他们的境遇也表达了深深的同情。"作者没有采取当时流行的改革与反改革冲突的模式结构作品,而是以经济变革为背景,写爱情、婚姻、人际关系的变化,折射出农民思想观念、价值倾向、情感心理的变化和时代的变化。小说热情地表现了门门、禾禾、王才等头脑灵活的新一代农民对新的生产方式、生活方式的追求。他们经过顽强的努力,获得了富裕,获得了爱情,获得了社会地位的改变。对一心与王才作对的韩玄子,作者是持批评态度的,而对才才、灰灰这些下死力土里刨食的人物,作者在写出他们不可避免落伍的命运的同时,也对他们的勤劳、实诚、讲道德寄予了深深的同情。这些作品反映了作者在传统道德和历史前进如何协调上产生的矛盾心理。"① 小说细致地描绘了田园生活的退却在人们心中激起的心理矛盾。家庭联产承包责任制调动了农民的积极性,给了农民发家致富的梦想实现的重要依凭,更为重要的是,它恢复了中国农民长期盼望的优美田园牧歌画面,让男耕女织的诗意劳动场面成为现实,激发了农民对美好生活的向往。那些老一代农民对于土地、对于田园经济有着特殊的情感。小月的父亲王和尚念

---

① 张钟等:《中国当代文学》,北京大学出版社1998年版,第255页。

念不忘的是他的牛,他的牛死了,他一下子苍老了很多。

　　天黑些了,到村外没人的地方去转转吧,可不知不觉就转到老毛家的牛栏去了。那几头大象一般的高大的黄牛还拴在土场上,或立或卧,他就忍不住蹩进去,抓一把草喂着,牛嚼草的声音是多么中听的音乐啊!粗大的鼻孔里喷出来的热气,已经湿润了他的胳膊,那牛舌头舔在手心,一种舒坦的极度的酥痒就一直到了他的心上,突然间,老泪叭叭地落下来。

　　老一代农民对传统农业生活方式是有着特殊感情的,商品经济的侵入必然会打破传统农民心里的宁静,势必会激起他们的强烈反弹。他们固守传统的祖训,按照传统农民的标准要求自己,跟不上时代的发展,必然陷入尴尬的境地。贾平凹对他们的感情是很矛盾的,作家既赞扬了他们的忠厚老实、重义轻利的美德,可是又对他们的因循保守给以委婉的批判。

二

　　在两千多年的中国农村,真正行使管治权的是农村的乡绅。乡绅在农村的权力一是来源于他们的经济实力,二是来源于他们拥有话语资源。"从某种意义上讲,朝廷往往听任乡绅把持乡政,使乡村处于某种形式的自治状态,而乡绅则充当了乡民与乡里社会的保护人和统治者的双重角色。他们可以起到一定程度的遏制地方官局部的过分行为或者说局部的暴政,这对于朝廷的根本利益是有好处的。"[①]晚清至民国后期,伴随着国家政权在农村的内卷化,农民负担日益加重,不堪重负,乡村精英纷纷逃离农村,未逃离乡村的乡绅逐渐武化、劣化,他们对农民的统治更加野蛮化、武力化。"庚子以后,中国政治无序化趋向加剧,清王朝垮台,流民阶层的上层以军阀、流氓身份上翻进入统治层,乡绅则开始武化、恶霸化、流氓化,乡村的破败与社会秩序的紊乱都臻于顶点。"[②]此时,乡村经济更加破败,乡村文化传统更加破碎。不过,在农村,不管是乡绅还是劣化的土豪,他们对农村的治理往往与农村的宗法制度缠绕在一起。

　　新中国成立以后,国家政权一直下延到农村,国家政权完成了对农村乡

---

① 张鸣:《乡村社会权力和文化结构的变迁(1903—1953)》,陕西人民出版社2008年版,第19页。

② 张鸣:《乡土心路八十年——中国近代化过程中农民意识的变迁》,陕西人民出版社2008年版,第10页。

绅、土豪、民间组织等势力的完全驱逐。国家政权把每一个乡村、每一个农民都纳入体制之内，基层政权的负责人成为农村最有权力的管理者。在长篇小说《浮躁》中，两岔乡副乡长田中正在他的家乡仙游川拥有至高无上的权威。仙游川大队土地分包后，空下十八间空房，决定出售六间，因为价格便宜，村里人都想买，田中正宣布他要买，村里人没有和他争的，他不拿现金，一张欠条就了事。拆除了木料又让大队在他家旁边划分了四间房的地基。村里一片非议之声。田中正开基造屋，来帮忙的人非常多。田家的众亲广戚、三朋四友送钱、送物来贺喜，什么没有的就来帮忙。村里杂姓人也来送钱送物，唯恐落下自己。更绝妙的是作者写了孤儿福运帮忙的场面，福运是一个孤儿，身无分文，他想来贺喜，可是没有东西送也就没来。他假装不知道这么回事，被人发现之后碍不过情面便来帮忙架梁。梁非常沉重，别人没有力气架不上去，他架上梁后一阵得意，向众人表功。这一细节很见艺术功力，刻画出了福运的虚伪与浅薄，见出了真实的人情世态。福运不来不是不愿意来，而是怕别人看不起他不让他来。贾平凹揭示了农村世态的人情冷暖，农村也不是一块远离名利场的净土，农村充满了阴谋、倾轧、争斗、暗算，趋炎附势、嫌贫爱富是生活常态，有的人不去帮忙、捧场不是说明他清高，而是他自己自卑，到了那里没有用场会被别人嗤笑。贾平凹通过田中正盖房子勾画了一副农村权力关系图，权力、亲情、宗法关系交织在一起。"权力关系深深植根于社会关系之中，它不是凌驾于社会之上的，人们梦想将其根除的补充结构。在社会中生存，无论如何，都是这样的生存：某些人的行为作用于另一些人的行为。没有权力关系的社会只能是一种抽象。"[①]更为可怕的是田中正借助政权的力量取得了对仙游川同姓人与外姓人的管治权，没有留下任何松动的缝隙，比以往的乡绅、土豪权力更大、更严密。

其实，在中国农村，宗法制度作为一种隐秘的文化权力一直起着重大作用，无论是乡绅、土豪，还是乡村基层政权，都要借助宗法制度实施管理。乡绅不但是乡村比较富有的人，也是乡村大姓的族长，他利用宗法制度处理本族人的矛盾，也可以利用政治制度处理家族以外的事务。晚清以后，后起的一些劣化的乡绅依靠武力对乡村实施赤裸裸的统治，但一般也是大族中的子弟，也要借用宗法制度装点门面，只不过他们的统治更加野蛮。新中国成立后，国家

---

① 米歇尔·福柯：《福柯读本》，北京大学出版社2010年版，第293页。

政权下延到最基层——乡村，国家政权驱逐了旧中国乡绅的权力、民间组织的权力，实现了对乡村的完全控制。但由于农村依靠血缘关系聚居的环境没有改变，因而宗法力量在农村仍然具有很大的影响，在特定情况下甚至具有决定性的影响。在仙游川，金狗他们杂姓人都受到田、巩两个大姓的欺负，基层全是田姓一派的势力，他们盘根错节，势力很大。韩姓、雷姓村民不但受田姓干部的欺负，而且在与普通田姓村民的争执中也落了下风。宗法制度的优势在于对宗族内部可以以一种温情脉脉的方式实现对宗族的管理，它能巧妙地完成矛盾置换，田姓村民之间也可能发生矛盾或者争执，但田姓族人会把这类矛盾转化为族内矛盾进行解决，可以保持自家人的和气与团结。对于宗族之外，他们非常团结，一旦与外姓人有矛盾，本族村民会自动团结起来共同维护本族的利益。不管本族的人多么不贤，可是在选举村政权负责人时，他们总是选择本族人。因而，在仙游川，田姓持续了几十年的统治。金狗爹矮子画匠与田姓一家人因为自留地畔争吵，田中正偏向本族人，硬判他不是，他有冤不能诉。金狗成立了河运队，他极力想摆脱田、巩两家的权力网，最后还是让田中正分走一部分权力。金狗与英英退婚，金狗爹矮子画匠为了讨好田中正，给金狗跪下让金狗去田家赔礼道歉，金狗去了田家，田家不开门，父子俩在门外痴呆呆站了一小时，那大门还是不回应。金狗在仙游川一般人眼里可能是个能人，可是田中正还是不把他放在眼里。

贾平凹的小说不但揭示了农村权力盘根错节的复杂，而且也揭示了新兴权力主体对传统权力主体的侵蚀与消解，揭示了农村权力格局发生的悄然变化。"小说对权力关系的揭示也相当尖锐。随着历史变革的到来，原有权力关系格局也在发生剧烈的变化。我们可以看到在中国权力是怎样深入地掌控着社会，权力的运作是怎样赤裸裸且野蛮无理。我们也开始看到，改革开放终究有可能瓦解原有的权力体系，至少引起权力的格局改变。"① 商品经济不但带来了外面的商品，而且也传递出外面世界的新信息，新的经济生产方式形成了新的力量。"社会位置的增加，多种经济形式的出现，财富状况的某种分化以及家庭联产承包对于农民自主性的提高，使以前单纯基于政治职位及其派生的领导者与被领导者关系，所形成的文化主动与被动、优势与劣势的关系被打破了。"② 金狗作为

---

① 陈晓明：《众妙之门：重建文本细读的批评方法》，北京大学出版社2016年版，第359页。
② 胡潇：《文化的形上之思》，湖南美术出版社2002年版，第110页。

一名复员军人,有一定的知识,见过世面,也有一定的人脉,他想冲破田家的权力之网,不想匍匐在田家的权力之网内。他组织了河运队,成为两岔镇的风云人物。田中正虽然控制了河运队的一部分权力,可是金狗也巧妙地利用田中正的权力扩充了自己的力量。金狗利用英英考上了记者,利用家族矛盾救出了雷大空,利用田、巩两个家族的内斗消解了田巩两家的势力。当然,金狗以雷大空留下的证据为基础,以石华出卖自己的色相为代价动用上级力量才扳倒田巩两家。虽然金狗他们最后是一种惨胜,也不那么光明磊落,但是,田巩两家的势力被驱逐了。雷大空死了之后金狗进了监狱,田中正非常迷惑也感到非常害怕。"他仇恨金狗和大空,但几年来的交手,他又不得不服这两个人的厉害,可这么厉害的角色要逮也真就逮了,要死也真就死了!虽然这两个角色的结局使他松了一口气,却同时使他发现关着门当'王'的日子过去了。世界大得很呢,在这么个仙游川、两岔镇再不敢像过去那么跋扈了啊!"田巩两家被扳倒是金狗利用两家矛盾的结果,这不是说金狗有多么厉害,而是反映了一种新的时代气息,经济改革改变了乡村的经济结构,也改变了乡村的权力格局,原来的权力格局开始松动。商品经济的到来开阔了人们的视野,并且把一部分人从土地上解放出来,这部分人逐渐摆脱了宗法势力的束缚,认识到民主法制的观念。金狗坚持到最后胜利就是因为他相信改革开放之后的国家一定不会允许营私舞弊、鱼肉百姓的罪行存在。商品经济给金狗们进行了一次深刻的思想启蒙,"由于外出经商打工、经乡镇企业工作,交往范围的扩大和业缘关系的形成,农民的眼界逐渐开阔,观念逐步更新,开发观念、市场观念、竞争观念、信息观念逐步确立,法制观念、契约观念、平等观念逐渐为现代农民所认同。农民不仅对土地的依赖意识和安土重迁的观念急剧减弱,而且传统的重农轻商和重经验、轻科学知识的看法也大为改变,从重农轻商向无商不活、从不患寡而患不均向敢于冒尖转变。竞争、进取、冒险等现代价值观念深入人心。"[①]在新的经济生产方式以及外面世界的冲击下,新一代农民的历史主体意识开始觉醒,他们有了自己的权利诉求。贾平凹的小说敏锐地捕捉到了这一时代的悄然变化,生动而鲜活。

[①] 王义祥:《当代中国社会变迁》,华东师范大学出版社2006年版,第230页。

三

贾平凹的小说"着力描写随着改革开放而进入农村的商品意识和现代生活方式对山乡古老民风、民俗的冲击,和由此而引发的人们在价值取向上的冲突,以及山乡世界部分诗意的丧失"①。在20世纪80年代,商品经济是作为社会主义现代化的重要载体与现代生活方式进入人们的想象世界的,商品经济不但改变了人们的生活方式,而且改变了人们的思想方式与价值观念,进一步促进了农民的思想解放,推动了农民历史主体意识的觉醒。

传统的农村生活方式是与"男耕女织""日出而作、日落而息""你挑水、我浇田"的互帮互助、安宁祥和的诗意画面联系在一起的,其对每个中国人来说都会升腾起温馨的牧歌情调。其实,这只不过是作家的想象而已。"男耕女织""你挑水、我浇田"等生活方式的劳动量特别大,是非常辛苦的,只有旁观的人方能体会出诗意,置身其中的农民是体会不出任何诗意的。才才劳动一下午,衫子全湿透了,发着热腾腾的酸臭味,胳膊上、脸上被苞谷叶拉得一道一道红印痕。抗旱时,小月累得身体吃不消,才才娘累得眼圈罩了一圈黑,才才累得趴在台阶上像瘫了。乡村生活缺乏创造力,在年复一年的劳作中,"人自己变成了植物——即变成了农民"②。繁重的体力劳动让那些出门见过世面的农民感到极其不适应,他们接受新思想的影响,他们想换一种活法。

门门、禾禾、金狗、王才等新一代农民具备两个特征,其一,都是出过门的农民,是见过世面的农民,都具有"外来者"的一种特征。禾禾、金狗是复员军人,门门、王才经常出门做生意。他们出门在外,见过外面的世界,见过外面的人们的生活。门门去过沿河上去的三个大县城,每个都比紫荆关大得多。城里住着多得数不清的穿得五颜六色、花枝招展、嬉嬉闹闹、漂漂亮亮的女孩儿。小月到了县城之后,她的心就再也回不去了。禾禾去过安康,发现那里的人们发展养蚕收入很大,就想自己养蚕致富,他通过战友的帮助,买了一台手扶拖拉机,承包了一些工程上的活,跑起长途运输,收入增加了很多。烟峰每每看见白塔镇里的女人们漂漂亮亮地站在柜台前、桌子后就羡慕得不行,县城里宽阔的街道、高大的楼房令她吃惊,商店的物品、丝绸厂的车间令她简直不敢相

---

① 王庆生:《中国当代文学史》,高等教育出版社2003年版,第396页。
② 斯宾格勒:《西方的没落》上卷,商务印书馆1995年版,第198页。

信自己的眼睛，城里人的生活方式令她羡慕。小月说要让才才出来看看就好了，烟峰说要让鸡窝洼人来到城里看看之后就不会说禾禾是浪子了。小说形象地写出了眼界对人的重要性，只有眼界宽了，才有新想法。金狗、门门、禾禾、王才等都见过世面，他们发现了山外人们的另一种生活方式，他们不甘心再过上辈人的传统生活。其二，新一代农民都是"无父"的农民，禾禾是个孤儿，入赘嫁给麦绒。门门的家庭背景很模糊，他父亲在小说中没有出场，或许他父亲很早就死去了，因为门门一个人出门在外，他家里的庄稼长得很差，说明他家里没有人照顾庄稼。金狗有父亲，但金狗的父亲对他没有多少权威，金狗早就不听他父亲的话。"无父"不是真的无父，而是说父权对他们影响比较小，他们没有因袭的思想重担而能轻装上阵，他们很容易接受新事物，容易产生一些离经叛道的思想。而那些固守传统的农民有一个比较严厉的父亲，才才虽然没有父亲，可是王和尚已经成为他严厉的"父亲"，王和尚对待他犹如对待自己的儿子，他完全按照王和尚的要求去做。灰灰有一个驼背父亲，驼背父亲对灰灰与烟峰的管教比较严厉，驼背父亲去世以后，烟峰才在家里开始主事。麦绒的父亲很能干，他们家是当时村上的富裕家庭，麦绒受父亲的影响很大，她很满足也很沉醉这种传统的农家生活，所以，一旦禾禾要想尝试新的生活，就会遭到她的强烈反对。在父辈的严厉熏陶与管教下，才才、灰灰、麦绒等人难以突破传统寻求新的生活。

商品经济不但让农民富裕起来，而且也推动了农民历史主体意识的觉醒。"商品经济的发展却会促使价值规律作用的扩大，这不仅会带来'素封之家睥睨王侯'，富商大贾以财势与官家分庭抗礼的后果，而且尤其可怕的是，随着经济上的交换、交往的增多，'民智日开'，商品货币面前人人平等的观念的流行，势必从经济基础到意识形态，都出现全面冲击和否定政治上的等级特权的现象"[1]。小说揭示了改革开放后农民的主体意识逐渐萌发、壮大的过程，在王才的示范下，韩玄子的传统价值观逐渐消解，村上的农民日益向王才靠拢，韩玄子对王才的态度也从敌视、压制到接纳、佩服转变。灰灰、麦绒也认可了禾禾、烟峰的道路，自己也开始搞起商品经济。农业经济是"无主体经济"，在农业活动中，活动主体处于一种自在自发的状态之下，他按照自然节奏与经验常识进

---

[1] 李宗桂：《中国文化导论》，广东人民出版社2002年版，第60页。

行生产生活,对主体的主动性要求不大。现代条件下的商品经济是一种主体经济,活动主体必须充分发挥自己的主体意识。"活动主体开始超越传统的经验主义和自然主义的活动方式,通过接受现代技术理性和人本精神而从自在自发走向自由自觉。"[①]相对来说,传统的农业经济是一种自然经济,只要按照庄稼生长的自然节奏按时浇水、施肥、松土、锄草、收割就可以获得成果。而商品经济需要考虑扩大货源、货物差价、降低成本、利润空间等问题,这些问题极大地激发人的主动精神。在考虑这些问题的过程中,人的主体意识会激发出来。有了主体意识的新一代农民意识到了自己的权利,他们开始追求自己的爱情生活。门门大胆追求村中的漂亮姑娘王小月,金狗经历了一系列感情上的波折,与韩小水终成眷属,禾禾经历婚变之后,终于找到与自己志同道合的烟峰。现代生活与现代人之间形成一种互相成就的关系,现代生活锻造出了现代个体,锻造出他们的思想情绪与价值观念,现代个体反过来丰富、促进了现代生活。人从土地的束缚中摆脱出来,也就从传统的宗法关系、邻里关系的束缚中摆脱出来,可以按照自己的意志选择自己的人生道路。

贾平凹的小说不但呈现了改革开放如何在中国农村由萌芽到壮大的过程,并且敏锐地发现了社会转型过程中的社会情绪、时代精神与躁动不息的灵魂。"'浮躁'是一种概括,它概括出我们所处的时代骚动而又充满生气的精神特征:面对历史、现实和未来,我们正在分崩离析的旧价值观念基础上重新建构我们的世界。"[②]小说展示了改革开放对于中国农村的巨大的历史意义,改革开放不仅让农民解决了温饱问题,而且促进了人的解放,促进了人的主体性的建立。"经济变革改变了农村的社会格局,给每个人都提供了发挥自己才干,为自己争得荣誉、财富、地位的时机。过去长期默默无闻,遭受欺凌、侮辱、轻视的人要奋力翘起夹了多年的尾巴,要为自己争得失落许久或者从来就没有过的人格尊严,要以自己的行动证明自身的价值,赢得社会的尊重。这些都是值得欢欣鼓舞的。改革的历史意义在于使国家强大,人民富裕,而改革巨大的伦理意义则在于给每个人都提供或拓宽发挥自身潜能的空间。"[③]贾平凹具有深刻的平民情

---

① 衣俊卿:《现代化与文化阻滞力》,人民出版社2005年版,第13页。
② 李其纲:《〈浮躁〉:时代情绪的一种概括》,载《文学评论》1988年第2期。
③ 王彬彬:《俯瞰和参与——〈古船〉和〈浮躁〉比较观》,载《当代作家评论》1988年第1期。

怀，他对农民有一种天然的亲近感，他深知农民的痛苦、需求与愿望，也为农民的每一步前进而欣喜，为农村的每一刻进步感到高兴，他为农民的成长、进步而鼓与呼。正如鲁迅所说："所以有时候仍不免呐喊几声，聊以慰藉那在寂寞里奔驰的猛士，使他不惮于前驱。"[1]贾平凹呈现了改革开放之初新一代农民转变的艰难历程，表现了奔走于时代前列的农民在传统与现代纠结中的情感痛苦，慰藉了那些跟随时代前进的农民的痛苦心灵。贾平凹能迅速地反映现实，他急于表达他对时代的看法，太想给时代命名。有时不免会出现把握不准的情况。"用'浮躁'来概括那个时期的改革大潮的涌动，也显得过于简单片面，如果要揭示那个时期的问题，并不是'浮躁'二字可以概括的，'浮躁'充其量也只是表现形式，一些表面现象而已。中国社会在那个时期聚集着多种矛盾，制度、权力与特权腐败、农村的贫困化、改革方向不明确、政治风云变幻莫测，等等，都是社会深层次的问题，作家对现实的思考，显然没有在这些更具有症结性的问题上达到深度。"[2]贾平凹也对此有所顾虑，他在谈到《浮躁》这部作品创作经历时感慨地说："老实说，这部作品我写了好长时间，先作废过十五万字，后又翻来覆去过三四遍，它让我吃了许多苦，倾注了我许多心血，我曾写到中卷的时候不止一次地窃笑：写《浮躁》，作者亦浮躁呀！"可是，社会责任感与使命感使他把自己对时代的经历、看法、思考急切地传达给读者或者社会，由于当时离时代太近，难免会出现一些偏差。比如说，作家对某些人物过于偏爱，对金狗、雷大空过于赞扬与同情。金狗报复田巩两家在仙游川的统治具有正当性，但他采取的手段不无卑劣之处，英英对金狗是有真情的，金狗利用了英英，又狠心抛弃了英英。雷大空干着违法乱纪的事情，因为他是反对田巩两家的，所以作家原谅了他们的所作所为。商品经济发展与道德滑坡并不是一个二律背反的问题，现在看来，商品经济的高度发展有助于建设一个诚实守信的社会而不是相反。农民的贫困问题是一个历史的问题、动态的问题，非常复杂。不过，向社会、读者提出问题是作家的责任，但提出解决问题的方案并不是作家的责任。贾平凹并不是从改革与反改革的立场来写小说的，而是改革开放推行过程中人们的思想观念、价值观念、情感情绪的变迁。"在泪与笑之间，小说曾负载着革命与建国等使命，也绝不轻忽风花雪月、饮食男女的重要。小说的天地兼

---

[1] 鲁迅：《鲁迅全集》第1卷，人民文学出版社2005年版，第441页。
[2] 陈晓明：《众妙之门：重建文本细读的批评方法》，北京大学出版社2016年版，第357页。

容并蓄,众声喧哗。比起历史政治论述中的中国,小说反映的中国或许更真切实在些。"[1]贾平凹的小说以商州为例反映了改革开放政策在农村逐步推行的过程,揭示了农民的思想观念与改革开放的冲突,同时也反映了改革开放过程中出现的一些重要问题,为那个"浮躁"年代提供了一份难得的珍贵档案。

(原载《昌吉学院学报》2018年第2期)

---

[1] 王德威:《想象中国的方法:历史·小说·叙事》,百花文艺出版社2016年版,第5页。

《浮躁》英译本的生态翻译学解读

刘 锋 胡琰琪 张惠玲

《浮躁》是著名作家贾平凹早期的代表作之一,全书用鲜活生动的方言土语淋漓尽致地展现了秦风秦韵,充满浓郁的民俗风情,真实再现了改革开放初期浮躁、空虚的社会状态,是一部表现当代社会现实的力作。后由美国著名翻译家 Howard Goldblatt(葛浩文)翻译为英文小说 Turbulence,译作译笔精到,风格鲜明,与原著相得益彰,收获了众多的美国读者,大大提升了贾平凹在海外的文学影响,提升了中国文学的世界影响力。自此,对于《浮躁》英译版 Turbulence 的研究成了翻译研究中的一个热点,其中具有代表性的研究论文大约有20多篇,主要集中在文化差异与误译、方言翻译、目标语读者接受和个案文本分析等几个方面。[1] 涉及的理论包括译者主体性、关联理论、语言变异、归化和异化等,如:孙一博等以译者主体性为视角,分析了《浮躁》英译本中出现的部分文化误译;[2] 王素梅等人从关联理论视角讨论了《浮躁》中文化负载词的英译问题;[3] 柴芸从归化与异化的视角实例分析了《浮躁》英译本。[4] 而本文将从生态翻译学"三维"适应/选择转换的角度分析《浮躁》的英译本 Turbulence,试图使读者对这部小说有更深刻的认识,同时为贾平凹作品的英译提供更为广阔的视域。

一、生态翻译学

生态翻译学的研究始于21世纪初期,是在全球生态思潮和中华传统智慧

---

[1] 王瑞:《贾平凹作品英译及其研究:现状与对策》,载《外语教学》2014年第9期。
[2] 孙一博、崔雅萍:《文化翻译的文化误读——对葛浩文的英译本〈浮躁〉的分析》,载《西安文理学院学报(社会科学版)》2011年第4期。
[3] 王素梅:《由关联理论浅析中国文化负载词的翻译:以贾平凹的《浮躁》英译本为例》,载《邢台学院学报》2013年第4期。
[4] 柴芸:《从〈浮躁〉实例看翻译的归化与异化》,载《长江大学学报》2012年第2期。

的基础上发展起来的,以"关联序链"的认知途径、"类似同构"的生态特征、"适应/选择"的理论体系以及"论/学一体"的同源贯通为前提和条件的全新翻译理论。①

（一）产生的背景

生态翻译学的出现是人类社会向生态文明转型过程中,生态意识从自然科学进入到包括翻译在内的诸多社会科学研究领域的一种体现,是生态语言学发展的必然产物。同时,它也是现代哲学思想从人类中心观向生态整体观转向的过程中,译学理论研究顺势而为的举措。20世纪中叶以后生态意识受到了全人类社会越来越多的关注,各国都相继推出了保护生态的措施,期望能够保护生态环境,做到平衡发展。随着挪威生态学家Naess Arne提出"Deep Ecology"理论,生态学的相关理论被正式引入到了哲学与社会学范畴。②在此背景下,翻译研究也开始尝试了从"翻译是一项人类活动"的人类认知视野下所产生的人类学研究向"翻译是一项自然生态活动"的自然生态学认知视野下所产生的翻译研究的自然生态学转向。

"天人合一""以人为本""中庸之道"等中国传统文化精髓也为以胡庚申为代表的中国译学理论研究家提出生态翻译学提供了丰富的理论沃土。胡庚申就曾将"天人合一"翻译为"the Unity of Heaven and Humanity",突出了这一思想对于生态整体性和自然统一性的强调,而"天人合一"的思想在翻译理论中的集中体现就是"译者与翻译生态的和谐",而这一点恰恰又是生态主义思潮的核心观点;华夏文明中的儒家文化,在整体上强调的就是要争取和保持人与人、人与自然、人与身心的和谐,其核心思想"以人为本"为阐释翻译理论研究的根本问题——译者在翻译过程中的角色——提供了理论依据,"以人为本"的思想强调了译者的主导地位,指出了译者是翻译成败的关键;"中庸之道"则为解决直译与意译、归化与异化的矛盾提供了标准,任何的翻译技巧与翻译理论的研究都不能走向极端,"中庸之道"才是优化翻译策略的最佳方法。③

---

① 胡庚申:《生态翻译学——建构与诠释》,商务出版社2013年版。
② NAESS A: *The shallow and the deep,long-range ecologymovement: A summary*,载*Inquiry*1973年第16期。
③ 胡庚申:《生态翻译学:产生的背景与发展的基础》,载《外语研究》2010年第4期。

（二）"适应/选择"的理论体系

胡庚申教授在将自然生态理论的"相互适应"引入生态翻译后，提出了翻译是"一连串优化选择的过程"，而译文是"译者适应翻译生态环境的选择结果"。奠定了生态翻译学的基础——翻译选择适应论，同时，将译文的"语境"扩充到了"翻译生态环境"，其内涵包括了原文、原语和译语所呈现出来的"世界"，是语言、文化、社会以及生态等互相联动的整体，是制约译者最佳适应和优化选择的多种因素的集合，突出了译者的中心地位，指出翻译的过程就是译者不断在"适应／选择"的交替循环中选择不仅和源语境的"生态环境"相共生，而且能够和译后的"生态环境"相共生的译文。如图1所示，在整个翻译生态圈中，翻译，也就是译者处于中心地位，这解释了"谁在译"的问题；译语在源语境生态圈和翻译语境生态圈的共生模式解释了"何为译""怎样译"的问题。

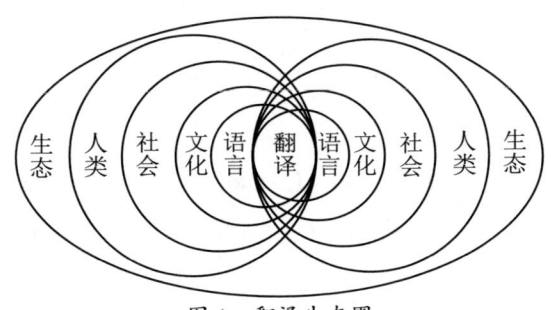

图1 翻译生态圈

在"适应／选择"的理论体系的观照下，生态翻译学在具体翻译实践中的体现可以简略地概括为"三维转换"，即在"多维度适应／选择"的原则下，相对集中地对语言维、文化维和交际维的适应性选择转换。下面笔者将从"三维转换"的视角对葛译本《浮躁》进行实例分析。

二、《浮躁》英译本中的"三维转换"

（一）语言维的"适应/选择"转换

语言维的"适应／选择"转换关注的是翻译中语言形式的"适应／选择"转换，语言和翻译是一个不可分割的整体，没有语言，翻译就无从谈起。语言是同一个语言生态圈中固定的一系列语言符号的集合，它为同一个语言生态圈共有，不受其个体差异的支配，不论个体的发音、用词、造句具有任何特点，在同一个语言生态圈中，语言是可以互通的。语音、词汇、语法是组成语言的基本三要素,其中语音是组成形式,词汇是组成单元,语法是组成规则。① 生态翻译学的语言维"适应/选择"转换也是主要聚焦于在翻译过程中对语言基本三要素的"适应/选择"。

正如胡庚申教授指出的:当翻译中的"信达雅"难以兼得,"神似形似"难以统筹,"意美形美音美"难以共享的时候,其中的孰轻孰重,孰薄孰厚,孰弱孰强,如此等等,最终是要靠译者在选择性适应特定翻译生态环境的基础上,由译者自主地做出适应性选择。

例1. 福运说:"你知道不知道,县上为什么没有开成现场会?你瞧着恶有恶报,善有善报。"②

"Do you have any idea why the county government canceled plan for their public meeting" Fuyun asked him. "Look, good is rewarded with good, and evil with evil." ③

例2. 晚一辈里,小水还得叫金狗是叔。金狗是巴儿狗站在粪堆上,看好充了个高便宜。

"Owing to the differences in generations, she was expected to call Golden Dog Uncle. Like a dog atop a dung heap, he enjoyed his superior role."

例3. 小水羞羞答答到了下洼村,日头已一竿子高了。

Water Girl made her bashful entrance at Lowland Hamlet when the sun was already high in the sky.

上述的例子充分显示了译者在语言维上的"适应/选择",例1中,译者对"福运"这一人物名称直接采用了音译的方式,"Fuyun"作为 *Turbulence* 中的一个陪衬角色,译者选择了与原文相同,而又符合译入语语音规范(英语读者可以轻松地发出此音)的音素,译语不但能和源语境的"生态环境"相共生,而且能够和译后的"生态环境"相共生。在例2、例3中,译者分别对 *Turbulence* 中的主要人物"金狗"和"小水"进行了选择性翻译,将它们分别翻译成了

---

① 陈锦阳:《公示语翻译的"三维"转换——以横店影视城为例》,载《上海翻译》2016年第1期。
② 贾平凹:《浮躁》,作家出版社2013年版。
③ HOWARD G: *Turbulence*, Boton Rouge: Louisiana State University Press, 1991.

"Golden Dog""Water Girl",贾平凹说:"浮躁虽不是成熟的表现,但浮躁是萌动,是成长,是生命的力量。"金狗,这只州河上"看山狗"的化身,在社会的河流中随波逐流,为了自己的存在不断积极进取,最终实现了自我的超越。如果将它简单地音译为"Jingou"则顿时如同嚼蜡,趣味全无。而狗在西方被视为朋友、家人,在译文语境生态圈中有着特殊的地位,"Golden Dog"的翻译不但能引起读者的兴趣,更能增加读者对于此人物的好感,译者的选择使得译文迅速地适应了翻译生态圈,实为佳作。同时,译者也对"小水"这一人物名称做了令人拍案叫绝的"选择",老子曰:水善利万物而不争,或曰:上善若水。这就赋予了"小水"这个名字极其深刻的文化内涵和寓意,在西方女性主义作家笔下,"水"也同样和女性有着密不可分的关系,阿特伍德将大海和女性的形象糅合在一起,使得女性在水的帮助下释放、顿悟、重生。在《弗洛斯河上的磨坊》和《觉醒》这两部作品中,艾略特以及肖邦也分别通过对水的描写展示了女主人公的命运。由此可见,将"小水"译为"Water Girl"着实体现了作者巧妙的"适应/选择"。

（二）文化维的"适应/选择"转换

翻译的过程是一个跨文化交流的过程,它在源语境生态与译语语境生态发生冲突时起到一个桥梁的作用来沟通双方,实现信息交流的顺利实现,构建两种语境的和谐。译文能否在译语生态圈中与其他因素共存,文化维的"适应/选择"转换发挥着至关重要的作用,转换的内涵是维持、协调、平衡、营造及重构,其中首要要求是维持,不能维持的要协调,协调的目的在于平衡,难以平衡的要营造或是重构,营造或是重构的基本要求是共生。在《浮躁》中,蕴含了大量的文化负载词、典籍故事及方言土语,这些对于译者来说是一个巨大的挑战,而葛译 Turbulence 能够风靡海外与译者对于这些"原创"的"适应/选择"转换有着直接关系。

例 4."你吃不上五谷却想六味"。[①]

"If you can't have the main course, will you settle for an appetizer?"[②]

"五谷"之说出现于春秋战国时期,《论语·微子》中说:"四体不勤,五谷

---

① 贾平凹:《浮躁》,作家出版社2013年版。
② HOWARD G: *Turbulence*, Boton Rouge: Louisiana State University Press, 1991.

不分",但解释却有不同,一说是黍、稷、麦、菽、稻;一说是黍、稷、麦、菽、麻,这两种说法的主要区别在于稻麻的有无,之所以出现分歧是由于中国南北方农作物品种的不同,"五谷"是农作物的总称;"六味"之说出自佛经,丁福保《佛学大词典》将"六味"解释为:苦味,酸味,甘味,辛味,碱味,淡味。[①] 在《浮躁》所描述的年代中,"五谷"泛指能解决温饱问题的主食,"六味"则是品质较高的食物,而在西方的饮食习惯中,开胃菜(appetizer)是主菜(main course)前的开胃食品,通常数量较少,常带有酸味和咸味,作为主菜的辅助食品。葛氏将"五谷"和"六味"分别译为"main course"及"appetizer"可以说是选择了适应翻译生态的转换,传达了正确信息。

例5. 七碟子八碗摆了一桌。[②]

He laid out an elaborate spread.[③]

在陕西的传统文化中"七碟子八碗"有着特殊的含义,它出自满族的传统菜式"八碟八碗",后被简化为"七碟子八碗",在陕西关中地区"七碟子八碗"是最为体面的席面,只有在农村遇上过大的红白喜事才能吃得到正宗的"七碟子八碗",它有着具体的菜品及上菜的顺序。但是随着时代的变迁,"七碟子八碗"也逐渐被其他新的菜品所替代,在时下的中国农村,许多阅历不丰的人对"七碟子八碗"的理解也仅限于"菜很多"的层面。葛氏的译文"elaborate spread"可以说是形象准确的,从文化维的角度看,译文有机协调了源语境生态圈和翻译语境生态圈的平衡。

例6. 一时灰心丧气,痴呆呆地站在那里。

Feeling suddenly depressed and frustrated, he stood there like a simpleton.

成语"灰心丧气",出自明·吕坤《呻吟语·下·建功立业》:"是以志趋不坚,人言是恤者,辄灰心丧气,竟不卒功。"用来形容因失败或不顺利而失去信心,意志消沉。葛氏的译文"depressed and frustrated"不仅准确维持了源语境和翻译语境的对等,同时也营造了回环反复的韵律之美,堪为佳作。

---

① 丁福保:《佛学大词典》,文物出版社1984年版。
② 贾平凹:《浮躁》,作家出版社2013年版。
③ HOWARD G: *Turbulence*, Boton Rouge: Louisiana State University Press,1991.

(三)交际维的"适应/选择"转换

根据生态翻译学规律,如果说译者已经完成了语言维及文化维的"适应/选择"转化,自然而然会将"适应/选择"的重心放到交际维的转换,交际维转换更多地聚焦于语用层面,关注翻译群落中交际功能的实现,[①]以获得与原作者的共鸣,达到源语境生态圈和翻译语境生态圈的共生。

例7. 念毕,已是苍暮之时,金狗将祭文火化之后,抬头望天边,万山若黛,州河似带,夕阳也一半在水中将浮将坠,红如血染一般。[②]

Dusk had fallen by the time he finished reading. He set a match to the paper and looked heavenward above, the dark mantain peaks and the ribbon like Zhou River upon whose waters the sun's reflection rose and fell with the waves, as red as blood.[③]

"万山若黛,州河似带"此处译为"the dark maintain peaks and the ribbon like Zhou River",将意象很好地翻译的同时,重现了原文的能量和细节,音象和意象都得到了传神的表现。

例8. 但终没有后辈出什么了不起的角色;父袭爷职,儿袭父职,只是世代农民,鞭杆戳牛的尻子,恨天,怨地,巩家田家人骂不得,倒日娘搗老子的把牛骂得有板有眼。

…but none ever managed to produce a person of extraordinary talents: fathers followed in the footsteps of grandfather, sons followed their fathers, one generation of peasants after another plodding behind water buffaloes, whips in hand, cursing heaven and aggrieved at the earth. Since they couldn't take their anger out on the Tian and Gong clans, they vented in on their buffaloes with curse of "Fuck your old lady" and "Screw your old man".

在例8中,贾平凹所描述的"鞭杆戳牛的尻子"是用隐喻的手法形象地表示其工作是务农,因而,译者并没有生硬地将其译为"用鞭子或是杆子戳牛的尻子",而是从交际的维度将其翻译为"plodding behind water buffaloes

---

① 果笑非:《中国文学海外传播的生态翻译学研究》,载《学术交流》2015年第8期。
② 贾平凹:《浮躁》,作家出版社2013年版。
③ HOWARD G: *Turbulence*, Boton Rouge: Louisiana State University Press, 1991.

（跟在牛后面进行辛勤、沉重的劳作）"。这种翻译是益于读者接受的。同样，"日娘捣老子"是与商洛（贾平凹家乡）地域文化有关的"蛮子话"，在译作中，葛氏选择了适应翻译语境生态圈的译文"Fuck your old lady" and "Screw your old man"，这样的"适应／选择"实现译文在翻译群落中的交际功能，完成了交际维的转换。

三、结语

生态翻译学是多学科交叉的产物，它反映了现代社会文明及哲学思想的一种转向，也反映了中华民族的传统智慧，其三维转换的理论体系为中国文学的翻译提供了坚实的理据。以生态翻译适应论为基础，通过对葛译 *Turbulence* 的个案分析，不难看出能够译文的最佳"选择"就是要不仅能够"适应"源语境的生态环境，而且能"适应"译后生态环境，"生态共生"才是翻译的最终目的。虽然文中分别从语言维、文化维及交际维这三个维度探讨了"适应／选择"转换，但并不意味着它们是相互独立的，它们是相互关联，密不可分的，在三维转换理论的观照下，正确把握翻译转向，必能使贾平凹乃至更多的中国文学作品"适应"整个翻译生态圈，从而推动中国文化走出去。

（原载《商洛学院学报》2016年第3期）

附录

研究总目
YANJIU ZONGMU

程德培：《人情世愿不耐烦：我读贾平凹的〈浮躁〉》，载《文学报》1987年1月8日。

金平：《由"浮躁"延展的话题——与贾平凹病榻谈》，载《当代文坛》1987年第2期。

周政保：《〈浮躁〉：历史阵痛的悲哀与信念》，载《小说评论》1987年第4期。

《小说评论》记者：《时代心理的整体把握——贾平凹长篇小说〈浮躁〉讨论会纪要》，载《小说评论》1987年第6期。

李星：《混沌世界中的信念和艺术秩序——〈浮躁〉论片》，载《小说评论》1987年第6期。

董子竹：《成功地解剖特定时代的民族心态——贾平凹〈浮躁〉得失谈》，载《小说评论》1987年第6期。

徐明旭：《说"浮躁"》，载《文艺评论》1987年第6期。

杨品：《主体意识的高扬与底文明层次的不和谐——贾平凹〈浮躁〉漫评》，载《文学评论家》1987年第6期。

杜大强：《野性：超越自身的动力和惰性——论贾平凹〈浮躁〉中金狗性格内核》，载《文论报》1987年第11期。

李星：《拥抱现实反映改革的力作——〈浮躁〉小议》，载《西安晚报》1987年10月4日。

《人民日报》记者：《长篇小说〈浮躁〉讨论会》，载《人民日报》1987年12月1日。

《长篇小说又一力作问世——作家出版社召开〈浮躁〉讨论会》，载《复印报刊资料（中国现代、当代文学研究）》1987年12月5日。

汪立波：《躁动的乡村灵魂：从〈浮躁〉说开去》，载《中国文化报》1987年12月13日。

董子竹：《当代民族心态裂变的交响——评长篇小说〈浮躁〉》，载《人民日报》1987年12月29日。

王愚、贾平凹：《长篇小说〈浮躁〉纵横谈》，载《复印报刊资料（中国现代、当代文学研究）》1988年第1期。

费秉勋：《谈〈浮躁〉》，载《新疆石油教育学院学报》1988年第1期。

张英伦：《〈浮躁〉的联想》，载《瞭望》1988年第13期。

唐达成：《〈浮躁〉四人谈：贺〈浮躁〉》，载《瞭望》1988年第50期。

刘再复：《〈浮躁〉四人谈：〈浮躁〉的成功之点》，载《瞭望》1988年第50期。

汪曾祺：《〈浮躁〉四人谈：贾平凹其人》，载《瞭望》1988年第50期。

萧乾：《〈浮躁〉四人谈：读〈浮躁〉》，载《瞭望》1988年第50期。

邢小利：《〈浮躁〉疵议》，载《小说评论》1988年第1期。

李其纲：《〈浮躁〉：时代情绪的一种概括》，载《文学评论》1988年第2期。

董文华：《熔恶的真火　淘金的圣水——试析〈浮躁〉的社会意义》，载《新疆石油教育学院学报》1988年第1期。

李健民：《时代大潮中的心灵蜕变——论〈浮躁〉中金狗形象的塑造》，载《当代文坛》1988年第1期。

刘思谦：《不必为了理解……——金狗、雷大空论》，载《当代作家评论》1988年第1期。

张来斌：《发纤秾于简古　寄至味于淡泊——论〈浮躁〉的审美意蕴》，载《新疆石油教育学院学报》1988年第1期。

王彬彬：《俯瞰和参与——〈古船〉和〈浮躁〉比较观》，载《当代作家评论》1988年第1期。

李群宝：《〈浮躁〉的谴责色彩》，载《新疆石油教育学院学报》1988年第1期。

冯天海：《一曲浮躁、苦涩、悲壮的正气歌——读贾平凹长篇小说〈浮躁〉》，载《新疆石油教育学院学报》1988年第1期。

石湾、朱卫国：《高层次文化审视——评长篇小说〈浮躁〉》，载《复印报刊资料（中国现代、当代文学研究）》1988年第1期。

刘火：《金狗论——兼论贾平凹的创作心态》，载《当代作家评论》1989年第4期。

范志忠：《浮躁于老井的人生意识》，载《当代作家评论》1989年第4期。

赵祖汉：《因果报应的背后——〈古船〉与〈浮躁〉漫议》，载《文学自由谈》

1989 年第 5 期。

孙连仲：《谈〈浮躁〉人物性格的模糊性》，载《宝鸡师范学院学报（哲学社会科学版）》1990 年第 4 期。

张光全：《以身躯殉葬时代，以鲜血谱写经验——评〈浮躁〉中悲剧人物雷大空的形象》，载《固原师专学报》1991 年第 2 期。

张剑华：《论〈浮躁〉的文化涵蕴》，载《河南大学学报（社会科学版）》1993 年第 5 期。

杨广珊：《论〈浮躁〉原始主义的创作倾向》，载《东疆学刊》1993 年第 2 期。

段玉春：《在浮躁中成熟——读〈浮躁〉有感》，载《教育与职业》1993 年第 12 期。

安·斯格特·泰森、肖永革：《一部关于中国边远地区改革的小说——贾平凹和他的〈浮躁〉》，载《西安教育学院学报》1994 年第 3 期。

张剑桦：《论〈浮躁〉的多层意蕴》，载《许昌学院学报》1994 年第 4 期。

范家进：《"前现代"与"后现代"的奇妙拼贴——贾平凹〈浮躁〉新探》，载《浙江师大学报（社会科学版）》1996 年第 6 期。

周圣弘：《〈浮躁〉：山里人拒官意识的凸现——重读贾平凹长篇小说〈浮躁〉》，载《襄樊学院学报》2000 年第 1 期。

魏玮：《金狗的浮躁——论贾平凹小说〈浮躁〉的时代情绪》，载《郑州轻工业学院学报（社会科学版）》2003 年第 2 期。

张连义：《论贾平凹的忧患意识——以〈浮躁〉〈废都〉〈高老庄〉〈怀念狼〉为例》，载《南都学坛》2004 年第 3 期。

班荣学、杨真洪：《文学翻译的文化差异与通约——兼评〈浮躁〉英译本的文化误译》，载《西北大学学报（哲学社会科学版）》2004 年第 3 期。

陈国恩、王俊：《中国乡土知识分子的心路历程——〈浮躁〉〈废都〉〈高老庄〉的精神症候分析》，载《文艺评论》2004 年第 5 期。

于亚莉、班荣学：《英汉数字的语义模糊性与翻译——〈浮躁〉英译本 Turbulance 个案分析》，载《浙江万里学院学报》2004 年第 4 期。

赵荣、班荣学：《从关联理论看"狼"与"wolf"的英译——〈浮躁〉英译本个案研究》，载《西北大学学报（哲学社会科学版）》2005 年第 5 期。

孙丽莉：《浅析〈浮躁〉中的传统女性美》，载《和田师范专科学校学报》

2006 年第 4 期。

方维保：《是孝子贤孙，还是逆子贰臣？——〈浮躁〉〈白鹿原〉合论》，载《名作欣赏》2007 年第 13 期。

梁根顺：《文学作品中文化语词翻译的忠实维度——从〈浮躁〉英译本的译例说起》，载《外语教学》2007 年第 6 期。

杨荣荣：《清静本性的迷失与追寻——论〈浮躁〉的佛教精神及其现实意义》，载《重庆交通大学学报（社会科学版）》2007 年第 6 期。

许文：《试论〈浮躁〉中的女性形象》，载《湘潮（理论）》（下半月）2008 年第 1 期。

吴双、彭越超：《〈浮躁〉和〈人生〉中的爱情悲剧探析》，载《网络财富》2008 年第 8 期。

李颖玉、郭继荣、袁笠菱：《试论方言文化负载词的翻译——以〈浮躁〉中的"瓷"为例》，载《中国翻译》2008 年第 3 期。

吴云：《魅力男性和为他添魅的男女们——〈平凡的世界〉〈浮躁〉〈元红〉爱情叙事中人物关系模式及其意义》，载《名作欣赏》2009 年第 15 期。

陈启权：《〈浮躁〉的接受心理浅析》，载《长城》2009 年第 6 期。

李敏、刘绍信：《〈浮躁〉分析》，载《绥化学院学报》2009 年第 29 卷第 5 期。

袁桃：《成长路上的自我救赎——〈浮躁〉中金狗形象浅析》，载《消费导刊》2009 年第 20 期。

于亚莉：《试论汉语独特文化意象的翻译——以〈浮躁〉中的俗语典故为例》，载《西北大学学报（哲学社会科学版）》2010 年第 3 期。

耿艳艳：《20 世纪 80 年代小城镇小说精神向度片论——以〈新星〉〈矮凳桥风情〉〈古船〉〈浮躁〉为例》，载《牡丹江教育学院学报》2011 年第 4 期。

孙一博、崔雅萍：《文学翻译的文化误读——对葛浩文的英译本〈浮躁〉的分析》，载《西安文理学院学报（社会科学版）》2011 年第 14 卷第 4 期。

刘一秀、孟繁华：《主体立场：现代理性与传统伦理的纠结——贾平凹〈浮躁〉新论》，载《安徽大学学报（哲学社会科学版）》2011 年第 3 期。

刘一秀：《赓续传统：现实主义的成长叙事——再论贾平凹的〈浮躁〉》，载《学术界》2011 年第 5 期。

赵虹博：《积极入世·禅思净化·天地人和——〈浮躁〉蕴涵的中国传统文

化内涵》，载《新乡学院学报（社会科学版）》2011年第25卷第2期。

李军：《贾平凹小说〈浮躁〉谚语的妙用》，载《学习月刊》2011年第12期。

昌平：《论20世纪80年代青年农民的奋斗形象——以〈人生〉中的高加林、〈浮躁〉中的金狗为例》，载《西南农业大学学报（社会科学版）》2011年第9卷第2期。

刘筱凛：《浅析〈浮躁〉中的农村改革》，载《赤峰学院学报（科学教育版）》2011年第3卷第2期。

于亚莉：《描述性称谓语的文化语境与翻译——以贾平凹〈浮躁〉英译本为例》，载《合肥学院学报（社会科学版）》2011年第28卷第3期。

王静：《〈浮躁〉英译本文化语言"误译"探索》，载《出国与就业（就业版）》2011年第5期。

徐静：《浅析文学翻译中目的论的适用性——以〈浮躁〉英译本为例》，载《文学界（理论版）》2011年第4期。

班荣学、于亚莉、李雨田、赵荣：《乡土文学文化翻译的归化与异化——〈浮躁〉英译本个案分析》，载《西北大学学报（哲学社会科学版）》2011年第41卷第6期。

苏琴：《浅析中西方文化意象的不同对翻译的影响及处理方法——乡土文学作品〈浮躁〉个案分析》，载《北方文学》（下半月）2011年第7期。

毛斌：《〈浮躁〉与金狗的浮躁》，载《剑南文学（经典教苑）》2011年第8期。

周春艳、王国栋：《翻译适应选择论的应用性研究——以〈浮躁〉英译本中的习语翻译为例》，载《长城》2011年第12期。

姬卫敏：《小说翻译中的文化差异和读者接受——以〈浮躁〉及其英译本为例》，载《西北大学学报（哲学社会科学版）》2012年第42卷第1期。

于亚莉、班荣学、赵荣：《乡土文学翻译策略及其本质探析——以〈浮躁〉英译为例》，载《理论导刊》2012年第4期。

曹永洁：《浅论贾平凹长篇小说的重要元素——以〈浮躁〉〈废都〉〈高老庄〉为例》，载《牡丹江教育学院学报》2012年第2期。

柴芸：《从〈浮躁〉实例看翻译的归化与异化》，载《长江大学学报（社会科学版）》2012年第35卷第2期。

徐烨：《文学作品中的细节翻译——从庞德的细节翻译理论谈葛浩文的英

译本〈浮躁〉》，载《考试周刊》2012 年第 16 期。

刘勇：《关联理论在乡土文学文化翻译中的应用——以贾平凹先生的〈浮躁〉英译本为例》，载《兰州教育学院学报》2012 年第 28 卷第 3 期。

刘勇：《〈浮躁〉关联理论浅析》，载《赤峰学院学报（汉文哲学社会科学版）》2012 年第 33 卷第 5 期。

王丽：《试论贾平凹小说〈浮躁〉中的女性形象》，载《青春岁月》2012 年第 23 期。

吴赟：《〈浮躁〉英译之后的沉寂——贾平凹小说在英语世界的译介研究》，载《小说评论》2013 年第 3 期。

王素梅：《由关联理论浅析中国文化负载词的翻译——以贾平凹的〈浮躁〉英译本为例》，载《邢台学院学报》2013 年第 28 卷第 4 期。

师雅：《传播学视角：〈浮躁〉英译本翻译研究》，载《新西部（理论版）》2013 年第 5 期。

李素华：《从〈浮躁〉看贾平凹小说的现实主义创作情愫》，载《作家》2013 年第 18 期。

陈红：《贾平凹〈浮躁〉中的"话语天空"》，载《青春岁月》2013 年第 21 期。

王薇：《小说〈浮躁〉英译本中"狗"的文学意象的探究》，载《芒种》2013 年第 23 期。

赵丹：《贾平凹小说〈浮躁〉英译本翻译语义研究》，载《长城》2013 年第 12 期。

曹传锋：《贾平凹小说〈浮躁〉英译本的翻译策略》，载《芒种》2014 年第 10 期。

陈孟娇：《贾平凹〈浮躁〉中的"众生相"》，载《名作欣赏》2014 年第 15 期。

蒋路：《超越常规质疑"反常"：〈浮躁〉的叙述结构解读》，载《金田》2014 年第 3 期。

常留英：《贾平凹小说〈浮躁〉英译本翻译策略研究》，载《芒种》2014 年第 12 期。

董鹏、赵雪琪：《评贾平凹小说的现实主义创作：以〈浮躁〉为例》，载《无锡南洋职业技术学院论丛》2014 年第 C1 期。

荣彩婷：《浅析〈浮躁〉中纷呈的女性美》，载《青春岁月》2015 年第 31 卷第 11 期。

吴珊珊、吴培显：《贾平凹笔下乡土知识分子的精神缺失——以〈浮躁〉〈废都〉〈高老庄〉〈秦腔〉为例》，载《南京晓庄学院学报》2015 第 31 卷第 3 期。

叶君：《乡下人进城：征服与逃离——从〈浮躁〉到〈泥鳅〉》，载《玉溪师范学院学报》2015 年第 31 卷第 6 期。

马桂花：《跨文化视域下陕西乡土文学翻译现状及问题——以〈浮躁〉英译本为例》，载《南昌教育学院学报》2015 年第 30 卷第 3 期。

武海平：《小说〈浮躁〉英译本的翻译方法与策略浅探》，载《陕西教育（高教）》2015 年第 10 期。

唐奕琪、王晓冬：《以〈浮躁〉英译本为例解析贾平凹作品的翻译原则》，载《短篇小说（原创版）》2015 年第 33 期。

项潜：《乡土文明中的"为官"意识——以贾平凹小说〈浮躁〉为例》，载《齐齐哈尔工程学院学报》2015 年第 1 期。

周莹：《〈浮躁〉人物浅析》，载《剑南文学》（上半月）2015 年第 7 期。

李青：《论功能对等理论下〈浮躁〉英译本中译者的能动性》，载《考试周刊》2015 年第 71 期。

张彩虹、张燕清、包婉玉：《"文学翻译"还是"文学创作"——从〈狼图腾〉和〈浮躁〉译本中读出的译者心声》，载《时代文学》（下半月）2015 年第 11 期。

郝亚丽：《从功能对等理论的角度分析〈浮躁〉中数字的汉英翻译策略》，载《青春岁月》2015 年第 23 期。

王为桥：《关联理论下的〈浮躁〉译文个案分析》，载《戏剧之家》2015 年第 18 期。

王金岳、孙琳：《葛译〈浮躁〉文化负载词误译案例分析——一个回译的视角》，载《海外英语》2015 年第 20 期。

王金岳：《葛译〈浮躁〉非四字成语译例探究——DTS"功能优先"视角》，载《海外英语》2015 年第 21 期。

夏彬彬：《乡土社会的陷落——从〈浮躁〉到〈秦腔〉》，载《名作欣赏》2016 年第 15 期。

刘锋、胡琰琪、张惠玲：《〈浮躁〉英译本的生态翻译学解读》，载《商洛学院学报》2016 年第 30 卷第 3 期。

党永刚：《环境与人——论〈浮躁〉中人物与环境的关系》，载《大众文艺》2016年第8期。

郑欣：《语用学视角下〈浮躁〉译本中模糊语言的英译研究》，载《语文建设》2016年第12期。

王向旭：《语用学视角下〈浮躁〉的英译研究》，载《语文建设》2016年第12期。

徐振雪：《〈红与黑〉中于连形象与〈浮躁〉中金狗形象的比较赏析》，载《艺术科技》2017年第30卷第5期。

黄忆秋：《浅析贾平凹作品中的男性形象——以〈浮躁〉〈废都〉〈秦腔〉为例》，载《农家参谋》2017年第22期。

徐振雪、李宝华：《从三重人格结构学说分析〈浮躁〉中的金狗形象》，载《产业与科技论坛》2017年第16卷第12期。

陈广通：《现代性与反现代性——对"寻根"边缘乡土小说〈浮躁〉的再解读》，载《绥化学院学报》2017年第37卷第3期。

肖振鸿、穆阳：《贾平凹小说〈浮躁〉中的动态语言特性研究》，载《产业与科技论坛》2017年第16卷第13期。

李晨曦：《英汉语篇粘连性对比——以贾平凹〈浮躁〉中的一段为例》，载《海外英语》2017年第8期。

胡少山：《论贾平凹乡土叙事的脉络与情怀——以长篇小说〈浮躁〉〈秦腔〉〈带灯〉为例》，载《安康学院学报》2018年第30卷第3期。

张文诺、余琪：《浮躁时代的"浮躁"书写》，载《昌吉学院学报》2018年第2期。

彭仁兵：《论贾平凹〈浮躁〉的现实关怀与人文思考》，载《西南科技大学学报（哲学社会科学版）》2018年第35卷第3期。

刘玉婷、钟思远：《诗意的州人与州城：〈浮躁〉的三重审美意蕴解读》，载《赤峰学院学报（汉文哲学社会科学版）》2018年第39卷第5期。